U0853043

单片机应用系统设计与实验教程

张　刚　陈晓飞　方　杰　主编

湘潭大学出版社
XIANGTAN UNIVERSITY PRESS

图书在版编目（CIP）数据

单片机应用系统设计与实验教程 / 张刚，陈晓飞，方杰主编．-- 湘潭：湘潭大学出版社，2022.10
ISBN 978-7-5687-0938-5

Ⅰ．①单… Ⅱ．①张… ②陈… ③方… Ⅲ．①单片微型计算机－系统设计－教材 Ⅳ．①TP368.1

中国版本图书馆 CIP 数据核字（2022）第 223928 号

单片机应用系统设计与实验教程

DANPIANJI YINGYONG XITONG SHEJI YU SHIYAN JIAOCHENG

张刚 陈晓飞 方杰 主编

责任编辑： 丁立松
封面设计： 清 清
出版发行： 湘潭大学出版社
社　　址： 湖南省湘潭大学工程训练大楼
电　　话： 0731-58298960 0731-58298966（传真）
邮　　编： 411105
网　　址： http://press.xtu.edu.cn/
印　　刷： 长沙创峰印务有限公司
经　　销： 湖南省新华书店
开　　本： 787 mm×1092 mm 1/16
印　　张： 14
字　　数： 290 千字
版　　次： 2022 年 10 月第 1 版
印　　次： 2022 年 10 月第 1 次印刷
书　　号： ISBN 978-7-5687-0938-5
定　　价： 58.00 元

前　言

PREFACE

在经济与科技高速发展的时代，单片机的出现促进了计算机技术的发展，也标志着计算机正式形成通用计算系统和嵌入式计算机系统两大分支。单片机经历了 SCM、MCU 以及 SOC 三个阶段。最开始的单片机只有 4 位或者 8 位，随着工业控制领域要求的不断提升，最终发展为 16 位、32 位，取得了非常大的突破。随后，16 位单片机的发展空间受到了一定的局限，很长一段时间，单片机的发展都是维持 32 位以及 8 位单片机同步发展和进步的高低搭配的格局。

单片机由于自身体积小、功能全、性价比高等优势，在工业控制、通信设施、信息处理以及家用电器中得到较为广泛的使用，成为现代电子系统中非常重要的智能化工具。单片机开发技术成为机电一体化、通信、电气、自动化等专业的学生以及相关专业人员不可或缺的技术之一。

单片机是比较难学的一门课程，既要求熟练掌握硬件电路设计与调试，还要求熟知枯燥的汇编语言编程方法。如何让单片机课程变得易懂，就显得尤为重要。

本书分为六章。第一章主要概括单片机的基础知识，让读者对于单片机有一个初步的了解；第二章是单片机应用系统工具，列举了软件开发工具 Keil、硬件开发工具 Proteus 以及仿真系统开发的主要操作流程；第三章是单片机接口技术实验，根据不同实验类型进行具体实验的分析与数据操作；第四章是单片机应用系统设计实训，以 MCS-51 单片机为主要操作对象进行数据知识讲解；第五章是对单片机仿真软件 Proteus 的实验操作，列举了四个具体的实验。第六章是单片机课程设计，以提高学生的应用能力和编程技巧，加强对单片机深层次的认识。

在单片机技术日益发展的现在，较为全面系统地讲述单片机及应用系统设计原理以及实验的书籍也越来越多。本书由浅入深、重点突出，在介绍单片机原理的基础上，注重原理与实验应用相结合。本书有较强的针对性、层次性、趣味性以及实践性，能够将知识潜移默化地进行输出。另外，本书以汇编语言以及 C 语言互相结合进行实验程序编写，这也是本书的一大特色。

作者在编写本书的过程中，参阅了大量相关领域专家、学者的著作和文献，学习和吸取了经验，同时得到了资历深厚的学者的大力支持，在此一并表示衷心感谢。本书可作为高等学校电子信息类专业的教材。

限于水平和经验，本书难免存在不足之处，敬请批评指正。

2022 年 5 月

作　者

目录
CONTENTS

第一章
概　述

第一节　单片机基础知识

（一）概述

随着现代经济、科技水平的不断提升，生活变得越来越智能化，而具有智能化应用特征的单片机技术在机电一体化、通信及各种数码产品中得到广泛的应用，变成不可或缺的重要工具。本章主要介绍单片机的基础知识。

1. 单片机的概念

单片机是把中央处理器 CPU（Central Processing Unit）、存储器（Memory）、定时器/计数器（Timer/Counter）、I/O（Input/Output）接口电路等一些计算机的主要功能部件集成在一块集成电路芯片上构成的微型计算机。“单片机”的名称是由英文“Single Chip Microcomputer”直接翻译而来的。

单片机主要应用于工业控制领域，面对的是测控对象，突出的是控制功能，它从功能和形态上来说都是为满足控制领域应用的要求而诞生的。随着单片机技术的发展，单片机的芯片内集成了许多面对测控对象的接口电路，如 ADC、DAC、高速 I/O 口、PWM、WDT 等。这些电路及接口已经突破了微型计算机传统的体系结构，所以人们采用了可以更确切地反映单片机本质的名称——微控制器 MCU（Micro Controller Unit）。单片机的芯片体积小，在工业现场可作嵌入式应用。单片机是以单芯片形态作为嵌入式应用的计算机，它有唯一的、专门为嵌入式应用而设计的体系结构和指令系统。因此，单片机又被称为嵌入式微控制器（Embedded Microcontroller）。综上所述，单片机实际上就是一个单芯片形态的微控制器，它是一个典型的嵌入式应用计算机。而在国内，仍然习惯地称它为“单片机”或“单片微机”。在本书中，我们使用“单片机”一词。

对于初学者来说，必须多动手，所以，一套功能齐全的工具是必不可少的。下面介绍学习单片机所使用的实验板及一些相应的工具。常用的 51 系列单片机实验板如图 1-1 所示。

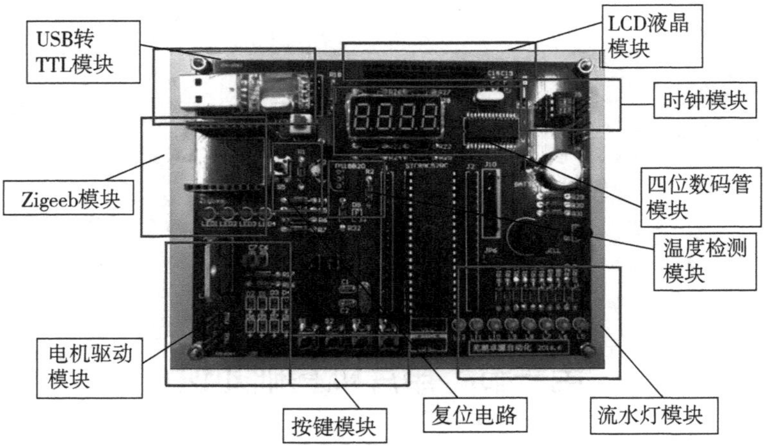

图 1-1　单片机实验板

2. 单片机的发展历史

根据数据总线宽度的不同，单片机可以分为 4 位机、8 位机、16 位机和 32 位机，最早研制成功的单片机是 4 位机。在 1970 年微型计算机研制成功后，随着半导体技术的发展，集成电路的集成度越来越高。1971 年，美国 Intel 公司便生产出了第一片 4 位单片机 4004。它将微型计算机的运算部件和逻辑控制部件集成在一起。它的特点是结构简单、功能单一、控制能力较弱，但价格低廉。1976 年，Intel 公司推出了 MCS-48 系列 8 位单片机，它以体积小、功能全、价格低等特点获得了广泛的应用，成为单片机发展进程中的一个重要阶段。

在 MCS-48 系列单片机的基础上，许多半导体公司和计算机公司争相研制和发展自己的单片机系列。其中，有 Motorola 公司的 MC68HC05 及 MC68HC08 系列等，ZiLOG 公司的 Z8 系列等。其中，最典型、应用最广泛的是 Intel 公司在 20 世纪 80 年代初推出的 MCS-51 系列单片机，这是一种高档 8 位单片机。这一代单片机的主要技术特征是为单片机配置了外部并行总线和串行通信接口，规范了特殊功能寄存器的控制模式，以及为增强控制功能而强化了布尔处理系统和相关的指令系统，为发展具有良好兼容性的新一代单片机奠定了良好的基础。

1982 年以后，16 位单片机问世，其代表产品是 Intel 公司的 MCS-96 系列 16 位单片机。16 位单片机比起 8 位机，数据宽度增加了一倍，实时处理能力更强，主频更高，集成度达到了 12 万只晶体管，RAM 增加到了 232 B，ROM 则达到了 8 KB，并且有 8 个中断源，同时配置了多路的 A/D 转换通道、高速的 I/O 处理单元，适用于更复杂的控制系统。在工业控制产品、智能仪表、彩色复印机、录像机等应用领域中，16 位单片机大有用武之地。近几年，32 位单片机也得到了快速发展，如 ARM 处理器系列等。

尽管目前单片机品种繁多，但其中最为典型的仍属 Intel 公司的 MCS-51 系列单片机，它的功能强大、兼容性强、软硬件丰富。国内也以此系列的单片机应用最为广泛。直到现在，MCS-51 系列单片机仍为单片机中的主流机型。在今后相当长的时间内，单片机应用领域中的 8 位机主流地位仍不会改变。

3. 单片机的应用

单片机具有功耗低、控制功能强、扩展灵活、微型化和使用方便等优点，而且其性价比高，很多单片机芯片甚至只需几元钱就能买到，再加上少量的外围元件，就可以构成一个功能优越的计算机智能控制系统。因此，单片机广泛地应用于各行各业，其主要的应用领域有以下几方面。

（1）工业自动化控制

单片机可以用于构成各种工业控制系统、自适应控制系统、数据采集系统等，如数控机床、工厂流水线的智能化管理、电梯控制、化工控制系统、智能大厦管理系统，以及与计算机联网构成二级控制系统等。

（2）智能仪器仪表

采用单片机控制可使仪器仪表数字化、智能化、微型化，且功能比采用电子或数字电路更加强大。结合不同类型的传感器，利用单片机的软件编程技术进行误差修正、线性化的处理等，可实现诸如电压、功率、频率、湿度、温度、流量、速度、角度、硬度、压力等物理量的精确测量。

（3）智能化家用电器

目前各种家用电器已普遍采用单片机控制代替传统的电子线路控制，如智能冰箱、智能电饭煲、智能洗衣机、空调、微波炉、视听音响设备、大屏幕显示系统等。单片机已使人类的生活变得更加方便舒适、丰富多彩。

（4）办公自动化

采用单片机可以使办公设备功能更加丰富，使用更加方便，如 PC 机、考勤机、复印机、传真机、手机、楼宇自动通信呼叫系统、无线电对讲机等。

除此之外，单片机还应用于玩具、医疗器械、汽车电子、航空航天系统甚至尖端武器中。

单片机的应用从根本上改变了控制系统传统的设计方法和设计思想，以前由硬件电路实现的大部分控制功能，现在都可以利用单片机通过软件控制加以实现。以前自动控制中的 PID 调节，现在可以用单片机实现智能化的数字计算控制、模糊控制和自适应控制。这种以软件取代硬件并能提高系统性能的控制技术正在不断地发展完善。①

① 赵景波．单片机原理及应用［M］．西安：西安电子科技大学出版社，2020.

（二）单片机发展趋势

目前，单片机正朝着 CMOS 化、低功耗、小体积、大容量、高性能、低价格和外围电路内装化等几个方面发展。下面是单片机的主要发展趋势。

1. 功能更强

尽管单片机是将中央处理器 CPU、存储器、I/O 接口电路等主要功能部件集成在一块集成电路芯片上构成的微型计算机，但由于工艺和其他方面的原因，还有很多功能部件并未集成在单片机芯片内部。于是，用户通常的做法是根据系统设计的需要在外围扩展功能芯片。随着集成电路技术的快速发展，很多单片机生产厂家充分考虑到用户的需求，将一些常用的功能部件，如 A/D（模/数）转换器、D/A（数/模）转换器、PWM（脉冲产生器））以及 LCD（液晶）驱动器等集成到芯片内部，尽量做到单片化，从而成为名副其实的单片机。

2. 功耗更低

MCS-51 系列的 8031 单片机推出时的功耗达 630 mW，而现在的单片机功耗普遍都在 100 mW 左右。现在的各个单片机制造商基本都采用了 CHMOS 工艺，以降低单片机的功耗。8051 系列单片机采用两种半导体工艺生产：一种是 HMOS 工艺，即高密度短沟道 MOS 工艺；另外一种是 CHMOS 工艺，即互补金属氧化物的 HMOS 工艺。CHMOS 是 CMOS 和 HMOS 的结合，除保持了 HMOS 高速度和高密度的特点之外，还具有 CMOS 低功耗的特点。CMOS 虽然功耗较低，但由于其物理特征决定了其工作速度不够高。而 CHMOS 则具备了高速和低功耗的特点，这些特征更适合于在要求低功耗的条件下，如电池供电的应用场合，例如应用在便携式、手提式或野外作业仪器设备上。

3. 性能更高

单片机的最高频率由 6 MHz、12 MHz、24 MHz、33 MHz，发展到 40 MHz 乃至更高。同时，为了提高速度和运行效率，人们开始在单片机中使用 RISC 体系结构、并行流水线操作和 DSP 等设计技术，使得单片机的指令运行速度大大提高，其电磁兼容性等性能也日趋提高。

4. 系统更简化

推行串行扩展总线，减少引脚数量，简化系统结构。单片机应用系统往往要扩展一些外围器件，许多具有并行总线的单片机删去并行总线，成为非总线型单片机。采用串行接口时，数据传输速度虽然较并行接口要慢，但随着单片机主振频率的提高，加之一般单片机应用系统面对对象的有限速度要求及串行器件的发展，使得移位寄存器接口、SPI、I2C、Microwire、I-Wire 等串行扩展成为主流。

（三）8051系列单片机

1. MCS-51系列单片机的常用芯片

MCS-51系列单片机是Intel公司在总结MCS-48系列单片机的基础上于20世纪80年代初推出的高档8位单片机。在MCS-51系列单片机中，8051系列是最早、最典型的产品，该系列其他单片机都是在8051的基础上进行功能的增、减、改变而来的。MCS是Intel公司的注册商标，所以，凡Intel公司生产的以8051为核心单元的其他派生单片机都可称为MCS-51系列，也可简称为51系列。Intel公司将MCS-51的核心技术授权给了很多其他公司，所以有很多公司在做以8051为核心的单片机，而其他公司生产的以8051为核心单元的派生单片机，例如Philips公司的83C552及5ILPC系列、Siemens公司的SAB80512、AMD公司的8053等均不能称为MCS-51系列，只能称为8051系列。

MCS-51系列单片机分为两大子系列——51子系列与52子系列。其特点如下：

（1）51子系列：芯片型号的最后位数以“1”作为标志，属基本型产品，根据片内ROM的配置，对应的芯片为8031、8051、8751、80C31、80C51、87C51。

（2）52子系列：芯片型号的最后位数以“2”作为标志，属增强型产品，根据片内ROM的配置，对应的芯片为8032、8052、8752、80C32、80C52、87C52。

这两大系列单片机的主要硬件特性如表1-1所示。

表1-1 两大系列单片机的主要硬件特性

片内ROM型号			ROM容量	RAM容量	寻址范围	I/O特性		中断源数量
无	ROM	EPROM				计数器	并行口	
8031	8051	8751	4 KB	128 B	64 KB	2 * 16	4 * 8	5
80C31	80C51	87C51	4 KB	128 B	64 KB	2 * 16	4 * 8	5
8032	8052	8752	4 KB	256 B	64 KB	3 * 16	4 * 8	6
80C32	80C52	87C52	4 KB	256 B	64 KB	3 * 16	4 * 8	6

表1-1中，芯片型号中用字母“C”标示的是指采用CHMOS工艺制作的；芯片型号中未用字母“C”标示的是指采用HMOS工艺制作的。此两类器件在功能上是完全兼容的，但采用CHMOS工艺的芯片具有低功耗的特点，所消耗的电能要比HMOS工艺器件的小得多。CHMOS工艺器件比HMOS工艺器件多了两种节电的工作方式（掉电方式和待机方式），常用于构成低功耗的应用系统。

对应表1-1，我们可以发现：8031、80C31、8032和80C32片内是没有ROM的，其余51系列的单片机的RAM大小为128 B，52系列的RAM大小为256 B；51系列的计数器为两个16位的计数器，52系列的计数器为3个16位计数器；51系列的中断源数量为5个，52系列的中断源数量为6个。

2. 8051 系列单片机

8051 系列原系 Intel 公司 MCS-51 系列中一个采用 HCMOS 制造工艺的品种。自 Intel 公司对 MCS-51 系列单片机实行技术开放政策后，许多公司如 Philips、Dallas、Siemens、Atmel、华邦和 LG 等都以 MCS-51 系列中的基础结构 8051 为内核，通过内部资源的扩展和删减，推出了具有优异性能的各具特色的单片机。因此，现在的 8051 已不局限于 Intel 公司的产品，而是把所有厂家以 8051 为内核的各种型号的 8051 兼容型单片机统称为 8051 系列。

8051 系列中的所有单片机，不论其内部资源配置是扩展了还是测减了，其内核结构都保持了 8051 的内核结构不变。它们都具有以下特点：

（1）普遍采用 CMOS 工艺，通常都能满足 CMOS 与 TTL 的兼容。

（2）都和 MCS-51 系列有相同的指令系统。

（3）所有扩展功能的控制、并行扩展总线和串行总线 UART 都保持不变。

（4）系统的管理仍采用 SFR 模式，而增加的 SFR 不会和原有的 8051 的 21 个 SFR 产生地址冲突。

（5）最大限度保持双列直插 DIP40 封装引脚不变，必须扩展的引脚一般均在用户侧进行扩展，对单片机系统的内部总线均无影响。

上述特征保证了新一代的 8051 系列单片机有最佳的兼容性能。因此，我们提到的 8051 不是专指 Intel 公司的 MaskROM 的 8051，而是泛指 8051 系列中的基础结构，它是以 8051 为内核，通过不同资源配置而推出的一系列以 HCMOS 工艺制造生产的新一代的单片机系列。

（四）单片机中的数制与码制

1. 数制及其转换

常用的表达整数的数制有二进制数、十进制数和十六进制数三种，其中计算机处理的一切信号都是由二进制数表示的，人们日常用的是十进制数。十六进制数则用来缩写二进制数。三种数制之间可以相互转换，它们之间的关系如表 1-2 所示。为了区别十进制数、二进制数及十六进制数三种数制，通常在数的后面加一个字母以进行区别。用 B 表示二进制数，用 D 或不带字母表示十进制数，用 H 表示十六进制数。

表 1-2　十进制数、二进制数、十六进制数对照表

十进制	二进制	十六进制	十进制	二进制	十六进制
0	0000	0	8	1000	8
1	0001	1	9	1001	9
2	0010	2	10	1010	A

续表

十进制	二进制	十六进制	十进制	二进制	十六进制
3	0011	3	11	1011	B
4	0100	4	12	1100	C
5	0101	5	13	1101	D
6	0110	6	14	1110	E
7	0111	7	15	1111	F

（1）二进制数与十进制数

二进制数转换为十进制数，可采用展开求和法，即将二进制数按权展开再相加。例如：

$$
\begin{aligned}
101100B &= 1\times2^5+0\times2^4+1\times2^3+1\times2^2+0\times2^1+0\times2^0 \\
&= 32+0+8+4+0+0 \\
&= 44
\end{aligned}
$$

十进制数转换为二进制数，可采用除 2 取余法，即用 2 不断地去除待转换的十进制数，直至商等于 0 为止，再将所得的各次余数依次倒序排列。例如，将十进制数 43 转换为二进制数：

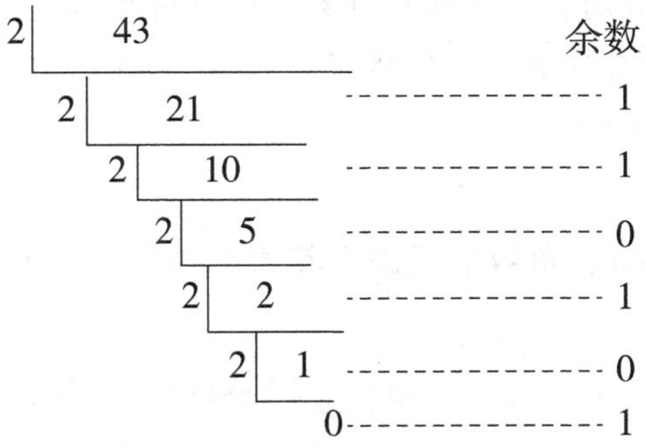

即 43D = 101011B。

（2）二进制数与十六进制数

二进制数转换为十六进制数，只需将二进制数从右向左每 4 位为一组分组，最后一组若不足 4 位，则在其左边添加 0，以凑成 4 位，每组按表 1-2 用 1 位十六进制数表示。例如：

$$10011100100B \rightarrow 0100\ 1110\ 0100B = 4E4H$$

十六进制数转换为二进制数，只需按表 1-2 用 4 位二进制数表示 1 位十六进制数。例如：

$$8DF3H = 1000\ 1101\ 1111\ 0011B$$

2. 有符号数的表示

数值在计算机中的表示形式为机器数，由于计算机只能识别0和1，因此，用来表示数值正负的“+”和“-”在计算机中也只能用“0”和“1”表示。一般在计算机中，对于正数，最高位规定为“0”；对于负数，最高位规定为“1”。例如：

$$+100=0\ 1100100B$$

$$-100=1\ 1100100B$$

有符号数在计算机中有原码、反码和补码三种表示方法。

(1) 原码

用最高位表示数的正负，其余各位表示数的绝对值，这种表示方法称为原码表示法。例如：

$$[+5]_{原码}=00000101B=05H$$

$$[-5]_{原码}=10000101B=85H$$

如果计算机的数据宽度为8，即字长为1字节，则原码能表示的数值范围为FFH～7FH（-127～-0，+0～+127），共256个。原码表示“0”时，可以有两种数值，即00000000B（+0）和10000000B（-0），这将会造成混乱，导致计算出错。所以，在计算机进行数值运算时一般不采用原码运算。

例如：在计算1-1=0时，为了简化计算机的硬件结构，把减法运算转换为加法运算，即采用1+（-1）进行计算，会发现 $[1]_{原码}+[-1]_{原码}=00000001B+10000001B=10000010B=-2$，即计算出错。

(2) 反码

正数的反码与原码相同；负数的反码为其原码的符号位不变，数值部分按位取反。例如：

$$[+5]_{反码}=[+5]_{原码}=00000101B=05H$$

$$[-5]_{反码}=11111010B=FAH$$

如果计算机的数据宽度为8，即字长为1字节，则反码能表示的数值范围为80H～7FH（-127～-0，+0～+127），共256个。反码表示“0”时，可以有两种数值，即00000000B（+0）和11111111B（-0）。这种方法在数值运算中也易出错。

(3) 补码

正数的补码与原码相同；负数的补码为其反码加1，但符号位不变。例如：

$$[+5]_{补码}=[+5]_{反码}=[+5]_{原码}=00000101B=05H$$

$$[-5]_{补码}=[-5]_{反码}+1=11111010B+1=11111011B=FBH$$

$$[+0]_{补码}=[+0]_{原码}=[+0]_{反码}=00000000B=00H$$

在求-0的补码时，我们会发现 $[-0]_{原码}=10000000B$，$[-0]_{反码}=1111111B$，加1后

得 1 00000000B，最高位产生了溢出，为了符合补码的定义和运算规则，将 10000000B（80H）的补码真值定义为-128。也就是说，用补码表示“0”时只有一种数值，即 00000000B（+0）。补码的表示范围为 80H～7FH（-128～+127），共 256 个。80H（10000000B）在计算机中表示最小的负整数，即-128，10000001～1111111 依次表示-127～-1。用补码把减法运算转换为加法运算时，其结果是完全正确的。

例如，计算 1-1=0，用补码计算：

$$[1]_{补码}+[-1]_{补码}=00000001B+11111111B=\boxed{1}\,00000000B=0$$

结果超过 8 位，最高位的“1”自然丢失，结果正确。

求负数的补码也可以用“模”来计算：

$$[X]_{补码}=模+X$$

“模”是计数系统的过程量回零值。如时钟以 12 为模，时钟从某一位置拨到另一位置总有两种拨法，即顺拨和逆拨。例如：从 6 点拨到 5 点，可以逆拨，即 6-1=5；也可以顺拨，即 6+11=12（自动丢失）+5=5。这里 11 就是-1 的补码，也就是说，运用补码可以把减法运算转化为加法运算。

计算机中 8 位二进制数的模为 $2^8=256=100H$。例如：

$$[-5]_{补码}=模+(-5)=100H-05H=FBH$$

综上所述，可得出以下几个结论：

（1）在计算机中带符号数都是以补码的形式储存的，学习原码和反码的目的是更好地理解补码。

（2）补码表示法能使符号位与有效值部分一起参加运算，从而简化运算。

（3）补码表示法能使减法运算转换为加法运算，从而简化计算机的硬件结构。

3. 十进制数的编码——BCD 码

人们生活中习惯于十进制数，而计算机只能识别二进制数，为了将十进制数转换为二进制数，产生了 BCD（Binary Coded Decimal）码，即用二进制代码表示十进制数。这种编码的特点是保留十进制的权，数字则用二进制表示，即仍然是逢十进一，但又是一组二进制代码。

（1）编码方法

BCD 码有多种表示方法，最常用的 BCD 码为 8421 码，编码方式如表 1-3 所示。每 4 位二进制数表示一个十进制字符，这 4 位中各位的权依次是 8、4、2、1，因此称为 8421BCD 码。

表 1-3 8421 BCD 码与十进制数的对应关系

十进制数	0	1	2	3	4	5	6	7	8	9
8421 BCD 码	0000	0001	0010	0011	0100	0101	0110	0111	1000	1001

（2）BCD 码的运算

由于 4 位二进制数最多可以表示 16 种状态，余下的 6 种未用码（1010、1011、1100、1101、1110、1111）在 BCD 码中称为非法码或冗余码。1 位十进制数是逢十进位（借位）的，而 4 位二进制数是逢十六进位（借位）的，当计算结果有非法码或 BCD 码产生进位（借位）时，加法进行加 6 修正，减法进行减 6 修正。

例如，计算 26+5＝31，若用 BCD 码运算：

```
  0010 0110（26）
+ 0000 0101（5）
-----------------
  0010 1011  ——→ （非法码，出错）
```

计算结果有非法码，需进行十进制修正：

```
  0010 0110（26）
 +0000 0101（5）
-----------------
  0010 1011  ——→ （低4位大于9，应进位）
 +0000 0110  ——→ （低4位加6使其进位）
-----------------
  0011 0001（31） ——→ （正确）
```

例如，计算 27－9＝18，若用 BCD 码运算：

```
  0010 0111（27）
- 0000 1001（ 9）
-----------------
  0001 1110  ——→ （非法码、出错，且低4位往高4位借了16）
```

需要指出的是，BCD 码属于无符号数，其减法若出现被减数小于减数时，则需向更高位借位，运算结果与十进制数不同。例如，十进制数：29－30＝－1（有符号）；BCD 码：29－30＝129－30＝99（无符号）。

在单片机中，有专门的 BCD 码调整指令 DA 来完成 BCD 码的修正。

4. ASCII 码

由于计算机只能处理二进制数，因此，除了数值本身需要用二进制数形式表示外，另一些要处理的信息（如字母、标点符号、数字符号、文字符号等）也必须用二进制数表示，即在计算机中需将这些信息代码化，以便于计算机识别、存储及处理。

目前，在微机系统中，世界各国普遍采用美国信息交换标准码——ASCII 码（American Standard Code for Information Interchange）。如表 1-4 所示，用 7 位二进制数表示一个字符的 ASCII 码值。

表 1-4　ASCII 码编码表

低 4 位 \ 高 3 位		0H	1H	2H	3H	4H	5H	6H	7H
		000	001	010	011	100	101	110	111
0H	0000	NUL	DLE	SP	0	@	P	、	p
1H	0001	SOH	DC1	!	1	A	Q	a	q
2H	0010	STX	DC2	"	2	B	R	b	r
3H	0011	ETX	DC3	#	3	C	S	c	s
4H	0100	EOT	DC4	$	4	D	T	d	t
5H	0101	ENQ	NAK	%	5	E	U	e	u
6H	0110	ACK	SYN	&	6	F	V	f	v
7H	0111	BEL	ETB	´	7	G	W	g	w
8H	1000	BS	CAN	(	8	H	X	h	x
9H	1001	HT	EM	)	9	I	Y	i	y
AH	1010	LF	SUB	*	:	G	Z	g	z
BH	1011	VT	ESC	+	;	K	[	h	{
CH	1100	FF	FS	´	<	L	\ \	l	|
DH	1101	CR	GS	−	=	M	]	m	}
EH	1110	SO	RS	.	>	N	↑①	n	~
FH	1111	SI	US	/	?	O	←②	o	DEL

由表 1-4 可知，7 位二进制数能表达 $2^7=128$ 个字符，其中包括数码（0~9）、英文大写字母（A ~ Z）、英文小写字母（a ~ z）、特殊符号（!、?、@、# 等）和控制字（NUL、BS、CR、SUB 等）。7 位 ASCII 码分成两组：高 3 位一组，低 4 位一组，分别表示这些符号的列序和行序。

在计算机系统中，存储单元的长度通常为 8 位二进制数，为了存取方便，规定一个存储单元存放一个 ASCII 码，其中低 7 位为字母本身的编码，第 8 位往往用作奇偶校验位或规定为零。因此，也可以认为 ASCII 码的长度为 8 位。③

① 符号取决于使用这种代码的机器，还可以表示成为“→”。

② 符号取决于使用这种代码的机器，还可以表示成为“↑”。

③ 赵景波．单片机原理及应用［M］．西安：西安电子科技大学出版社，2020.

第二节 单片机与嵌入式系统

一、嵌入式系统简介

计算机最开始只应用于数值计算。随着计算机技术的不断发展，计算机的处理速度越来越快，存储容量越来越大，外围设备的性能越来越好，满足了高速数值计算和海量数据处理的需要，形成了高性能的通用计算机系统。

（一）嵌入式系统

以往按照计算机的体系结构、运算速度、结构规模和适用领域，将其分为大型计算机、中型机、小型机和微型计算机，并以此来组织学科和产业分工，这种分类沿袭了约40年。近20年来，随着计算机技术的迅速发展，以及计算机技术和产品对其他行业的广泛渗透，使得以应用为中心的分类方法变得更切合实际。具体地说，就是按计算机的非嵌入式应用和嵌入式应用将其分为通用计算机系统和嵌入式计算机系统。

通用计算机具有计算机的标准形态，通过安装不同的软件，实现不同功能。现在办公室、家庭中最广泛使用的PC就是通用计算机最典型的代表。

嵌入式计算机则是以嵌入式系统的形式隐藏在各种装置、产品和系统中。在许多应用领域中，如在工业控制、智能仪器仪表、家用电器、电子通信设备等电子系统和电子产品中，对计算机的应用有着不同的要求，主要为：

（1）面对控制对象。面对物理量传感器变换的信号输入，面对人机交互的操作控制，面对对象的伺服驱动和控制。

（2）可嵌入到应用系统。体积小、功耗低、价格低廉，可方便地嵌入到应用系统和电子产品中。

（3）能在工业现场环境中可靠运行。

（4）具有优良的控制功能。能及时地捕捉外部的各种模拟和数字信号，对多种不同的控制对象能灵活地进行实时控制。

可以看出，满足上述要求的计算机系统与通用计算机系统是不同的。换句话讲，能够满足和适合以上这些应用的计算机系统与通用计算机系统在应用目标上有巨大的差异。

人们将具备高速计算能力和海量存储，用于高速数值计算和海量数据处理的计算机称为通用计算机系统；而将面对工控领域对象，嵌入到各种控制应用系统、各类电子系统和电子产品中，实现嵌入式应用的计算机系统称为嵌入式计算机系统，简称嵌入式系统（Embedded System）。

特定的环境、特定的功能，要求计算机系统与所嵌入的应用环境成为一个统一的整体，并且往往要满足紧凑、高可靠性、实时性好、低功耗等技术要求。这样一种面向具体专用应用目标的计算机系统的应用，以及系统的设计方法和开发技术，构成了嵌入式系统的重要内涵，这也是嵌入式系统发展成为一个相对独立的计算机研究和学习领域的原因。

（二）特点与应用

嵌入式系统是指用于实现独立功能的专用计算机系统。它由微处理器、微控制器、定时器、传感器等一系列微电子芯片与器件，以及嵌入在存储器中的微型操作系统或控制系统软件组成，完成诸如实时控制、监测管理、移动计算、数据处理等各种自动化处理任务。

嵌入式系统是以应用为核心，以计算机技术为基础，软件硬件可裁剪，适应应用系统对功能、可靠性、安全性、成本、体积、重量、功耗、环境等方面有严格要求的专用计算机系统。嵌入式系统将应用程序和操作系统与计算机硬件集成在一起，简单地讲，就是系统的应用软件与系统的硬件一体化。这种系统具有软件代码小、高度自动化、响应速度快等特点，特别适应于面向对象的实时和多任务的应用。

嵌入式计算机系统在应用数量上远远超过了各种通用计算机系统，一台通用计算机系统，如 PC 机的外部设备中就包含了 5~10 个嵌入式系统。键盘、鼠标、软驱、硬盘、显示卡、显示器、Modem、网卡、声卡、打印机、扫描仪、数字相机、USB 集线器等均是由嵌入式处理器控制的。嵌入式计算机系统在制造工业、过程控制、通信、仪器、仪表、汽车、船舶、航空、航天、军事装备、消费类产品等方面均有广泛应用。

通用计算机系统和嵌入式计算机系统形成了计算机技术的两大分支。与通用计算机系统相比，嵌入式计算机系统最显著的特性是面对工控领域的测控对象。工控领域的测量对象都是一些物理量，如压力、温度、速度、位移等；控制对象则包括马达、电磁开关等。嵌入式计算机系统对这些参量的采集、处理、控制速度是有限的，而对控制方式和能力的要求则是多种多样的。显然，这一特性形成并决定了嵌入式计算机系统和通用计算机系统在系统结构、技术、学习、开发和应用等方面的差别，也使得嵌入式系统成为计算机技术发展中的一个重要分支。

嵌入式计算机系统以其独特的结构和性能，越来越多地被应用于国民经济的各个领域。

二、单片嵌入式系统

嵌入式计算机系统，根据其核心控制部件的不同可分为几种不同的类型：各种类型的工控机，可编程逻辑控制器 PLC，以通用微处理器或数字信号处理器为核心构成的嵌入式系统，单片嵌入式系统。

采用上述不同类型的核心控制部件所构成的系统都实现了嵌入式系统的应用，成为嵌入式系统应用的庞大家族。

以单片机作为控制核心的单片嵌入式系统大部分应用于专业性极强的工业控制系统中。其主要特点是：结构和功能相对单一，存储容量较小，计算能力和效率比较低，具有简单的用户接口。这种嵌入式系统功能专一可靠、价格便宜，因此在工业控制、电子智能仪器设备等领域有着广泛的应用。

作为单片嵌入式系统的核心控制部件，单片机从体系结构到指令系统都是按照嵌入式系统的应用特点专门设计的，能最好地满足面对控制对象、可嵌入应用系统、能在现场可靠运行和具有优良的控制功能等要求。因此，单片嵌入式系统是发展最快、品种最多、数量最大的嵌入式系统，有着广泛的应用前景。由于单片机具有嵌入式系统应用的专用体系结构和指令系统，因此在其基本体系结构上，可衍生出能满足各种不同应用系统要求的系统和产品。用户可根据应用系统的各种不同要求和功能，选择最佳型号的单片机。

作为典型的嵌入式系统——单片嵌入式系统，在我国大规模应用已有几十年的历史。它是在中小型工控领域、智能仪器仪表、家用电器、电子通信设备和电子系统中最重要的工具和最普遍的应用手段。正是由于单片嵌入式系统的广泛应用和不断发展，大大推动了嵌入式系统技术的快速发展。因此，对于电子、通信、工业控制、智能仪器仪表等相关专业的学生来讲，深入学习和掌握单片嵌入式系统的原理与应用，不仅能对自己所学的基础知识进行检验，而且能够培养和锻炼自己分析问题、综合应用和动手实践的能力，掌握真正的专业技能和应用技术。同时，深入学习和掌握单片嵌入式系统的原理与应用，也可为更好地掌握其他嵌入式系统打下基础。

三、单片嵌入式系统结构

仅由一片单片机芯片是不能构成一个应用系统的。系统的核心控制芯片往往还需要与一些外围芯片、器件和控制电路机构有机地连接在一起，才能构成一个实际的单片机系统，进而嵌入应用对象的环境体系中，作为其中的核心智能化控制单元而构成典型的单片嵌入式应用系统，如洗衣机、电视机、空调、智能仪器、智能仪表等。

单片嵌入式系统的结构如图 1–3 所示。通常包括三大部分，即能实现嵌入式对象各种应用要求的单片机、全部系统的硬件电路和应用软件。

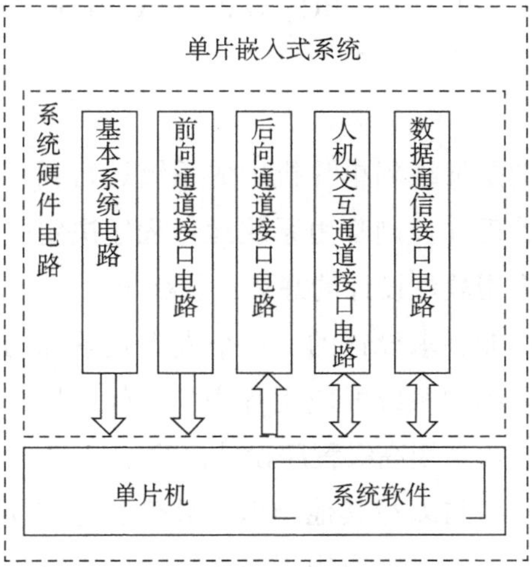

图 1–3 单片嵌入式系统的结构

（一）单片机

单片机是单片嵌入式系统的核心控制芯片，由它实现对控制对象的测控、系统运行管理控制、数据运算处理等功能。

（二）系统硬件电路

系统硬件电路是指根据系统采用单片机的特性以及嵌入对象要实现的功能要求而配备的外围芯片、器件所构成的全部硬件电路。通常包括以下几部分：

（1）基本系统电路。基本系统电路提供和满足单片机系统运行所需要的时钟电路、复位电路、系统供电电路、驱动电路、扩展的存储器等。

（2）前向通道接口电路。前向通道接口电路是应用系统面向对象的输入接口，通常是各种物理量的测量传感器、变换器输入通道。根据物理量转换成电量输出信号的类型，如模拟电压电流、开关信号、数字脉冲信号等的不同，接口电路也不同。常见的有传感器、信号调理器、模/数转换器（ADC）、开关输入电路、频率测量接口等。

（3）后向通道接口电路。后向通道接口电路是应用系统面向对象的输出控制电路接口。根据应用对象的伺服和控制要求，通常有数/模转换器（DAC）、开关量输出电路、功率驱动接口、PWM 输出控制电路等。

（4）人机交互通道接口电路。人机交互通道接口电路是满足应用系统人机交互需要的电路，通常有键盘、拨动开关、LED 发光二极管、数码管、LCD 液晶显示器、打印机等多种输入输出接口电路。

(5) 数据通信接口电路。数据通信接口电路是满足远程数据通信或构成多机网络应用系统的接口。通常有 RS-232、PSI、RC、CAN 总线、USB 总线等通信接口电路。

(三) 系统应用软件

系统应用软件的核心就是下载到单片机中的系统运行程序。整个嵌入式系统全部硬件的相互协调工作、智能管理和控制都由系统运行程序决定。它被认为是单片嵌入式系统核心的核心。一个系统应用软件设计的好坏，往往也决定了整个系统性能的好坏。

系统软件是根据系统功能要求设计的，一个嵌入式系统的运行程序实际上就是该系统的监控与管理程序。对于小型系统的应用程序，一般采用汇编语言编写。而对于中型和大型系统的应用程序，往往采用高级程序设计语言如 C 语言、Basic 语言来编写。

编写嵌入式系统应用程序与编写其他类型的软件程序（如基于 PC 的应用软件的设计开发）有很大的不同，嵌入式系统应用程序更多面向硬件底层和控制，而且还要面对有限的资源（如有限的 RAM）。嵌入式系统应用软件的设计不仅要直接面对单片机和与它连接的各种不同种类和设计的外围硬件，还要面对系统的具体应用和功能。整个运行程序常常是输入、输出接口设计，存储器，外围芯片，中断处理等多项功能交织在一起的。因此，除了硬件系统的设计，系统应用软件的设计也是嵌入式系统开发研制过程中一项重要的任务。

需要强调的是，单片嵌入式系统的硬件设计和软件设计两者之间的关系是十分紧密、互相依赖和互相制约的，要求嵌入式系统的开发人员既要具备扎实的硬件设计能力，同时也要具备相当优秀的软件程序设计能力。

四、单片嵌入式系统应用领域

以单片机为核心构成的单片嵌入式系统已成为现代电子系统中最重要的组成部分。在现代的数字化世界中，单片嵌入式系统已经大量地渗透到我们生活的各个领域。导弹的导航装置、飞机上各种仪表的控制、计算机的网络通信与数据传输、工业自动化过程的时实控制和数据处理、生产流水线上的机器人、医院里先进的医疗器械和仪器、广泛使用的各种智能 IC 卡、小朋友的程控玩具和电子宠物等，都是典型的单片嵌入式系统应用。

由于单片机芯片的体积微小、成本极低和面向控制的设计，使得它作为智能控制的核心器件被广泛地用于工业控制、智能仪器仪表、家用电器、电子通信产品等各个领域中的电子设备和电子产品中。其主要应用领域有以下几个方面。

(一) 智能家用电器

智能家用电器俗称带“电脑”的家用电器，如电冰箱、空调、微波炉、电饭锅、电视机、洗衣机等。在传统的家用电器中嵌入单片机系统后，产品性能得到了很大的改善，实现了运行智能化、温度的自动控制和调节、节约电能等功效。

(二) 智能机电一体化产品

单片机嵌入式系统与传统的机械产品相结合，使传统的机械产品结构简单化，控制智能化，构成新一代的机电一体化产品。这些产品已在纺织、机械、化工、食品等工业生产中发挥出巨大的作用。

(三) 智能仪表仪器

用单片机嵌入式系统改造原有的测量、控制仪表和仪器，能促使仪表仪器向数字化、智能化、多功能化、综合化、柔性化等方面发展。由单片机系统构成的智能仪器仪表可以集测量、处理、控制功能于一体，赋予了传统的仪器仪表一个崭新的面貌。

(四) 测控系统

用单片机嵌入式系统可以构成各种工业控制系统、适应控制系统和数据采集系统，如温室人工气候控制、汽车数据采集与自动控制系统。

第三节　常用单片机及其基本操作

一、常用单片机

(一) MCS-51 系列单片机

Intel 在 1980—1982 年陆续推出了指令系统完全相同、内部结构基本相同的 8031、8051 和 8751 等型号单片机，初步形成 MCS-51 系列，该系列被奉为“工业控制单片机标准”。MCS-51 增强型系列单片机除了 89C51 之外，主要包括 89C52、89C54、89C58、89C516 等型号。它们的区别主要有三个方面：一是片内 RAM 由 128 B 增加到 256 B；二是多一个定时器/计数器；三是片内 Flash ROM 由 4 KB 分别增加到了 8 KB、16 KB、32 KB 和 64 KB。

不同厂家的产品可能还增加了其他外设或功能，但引脚和指令都是完全兼容的。一般将 89C51（包括 8031、/851 等）称为基本型，其他的型号称为增强型。

（二）AT89 系列单片机

Atmel 公司生产的 89 系列单片机是市场上比较具有代表性的 MCS-51 单片机。

1. AT89 系列单片机型号说明

AT89 系列单片机型号由三个部分组成，分别是前缀、型号、后缀。其格式如下：

AT89C（LV、S）XXXX-XXXX

（1）前缀

前缀由字母“AT”组成，表示该器件是 Atmel 公司的产品。

（2）型号

型号由“89CXXXX”或“89LVXXXX”或“89SXXXX”等表示。“9”表示芯片内部含 Flash 存储器；“C”表示是 CMOS 产品；“LV”表示是低电压产品；“S”表示含可下载的 Flash 存储器；“XXXX”为表示型号的数字，如 51、52、2051、8252 等。

（3）后缀

后缀由“XXXX”四个参数组成，与产品型号间用“-”隔开。后缀中第一个参数“X”表示速度；后缀中第二个参数“X”表示封装；后缀中第三个参数“X”表示温度范围；后缀中第四个参数“X”表示产品的处理情况。

2. AT89C51 单片机

AT89C51 单片机特点如下：

（1）与 MCS-51 产品完全兼容；

（2）具有 4 K 字节可在系统编程的 Flash 内部程序存储器，可写/擦 1000 次；

（3）全静态操作：0~24 MHz；

（4）三级程序存储器加密；

（5）128 字节内部 RAM；

（6）32 根可编程 I/O 线；

（7）2 个 16 位定时器/计数器；

（8）6 个中断源；

（9）可编程串行 UART 通道；

（10）低功耗空闲和掉电方式。

3. AT89S52 单片机

AT89S52 单片机特点如下：

（1）与 MCS-51 产品兼容；

（2）具有 8 K 字节可在系统编程的 Flash 内部程序存储器，可写/擦 1000 次；

（3）4.0~5.5 V 的工作电压；

（4）全静态操作：0~24 MHz；

（5）三级程序存储器加密；

（6）256 字节内部 RAM；

（7）全双工异步串行通信通道；

（8）低功耗空闲和掉电方式；

（9）通过中断中止掉电方式；

（10）看门狗定时器；

（11）两个数据指针。

（三）STC89/12 系列单片机

STC89C51RC/RD+系列单片机是宏晶科技推出的新一代超强抗干扰、高速、低功耗单片机。指令代码完全兼容传统 8051 单片机，12 时钟/机器周期和 6 时钟/机器周期可任意选择。

STC89C51RC/RD+系列单片机特点如下：

（1）增强型 6/12 时钟/机器周期 8051 CPU；

（2）工作电压：3.4~5.5 V（5 V 单片机）/2.0~3.8 V（3 V 单片机）；

（3）工作频率：0~40 MHz，相当于普通 8051 的 0~80 MHz；

（4）用户应用程序空间 4~64 KB；

（5）片上集成 1280 B/512 B RAM；

（6）通用 I/O 口 32/36 个；

（7）ISP（在系统可编程）/IAP（在应用可编程），无需专用编程器/仿真器；

（8）内部 EPROM 功能；

（9）硬件看门狗；

（10）内部集成 MAX810 专用复位电路（D 版本才有），外部晶体 20 MHz 以下时，可省外部复位电路；

（11）共 3 个 16 位定时器/计数器，外部中断 4 路；

（12）通用异步串行口，可用定时器软件实现多个 UART；

（13）工作温度：0~75 ℃，-40~+85 ℃；

（14）封装：LQFP-44，PDIP-40，PLCC-44，PQFP-44。

二、单片机基本操作

这里主要讲解 USBasp 下载线的使用，讲解如何将编写的程序代码烧写到单片机中，让其在电路中脱机运行。

USBasp 下载线外观图片如图 1-4 所示。ISP 接口引脚如图 1-5 所示。

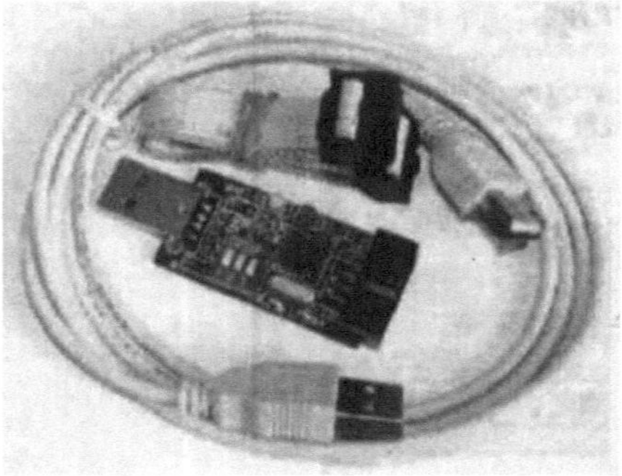

图 1-4　USBasp 下载线的外观图片

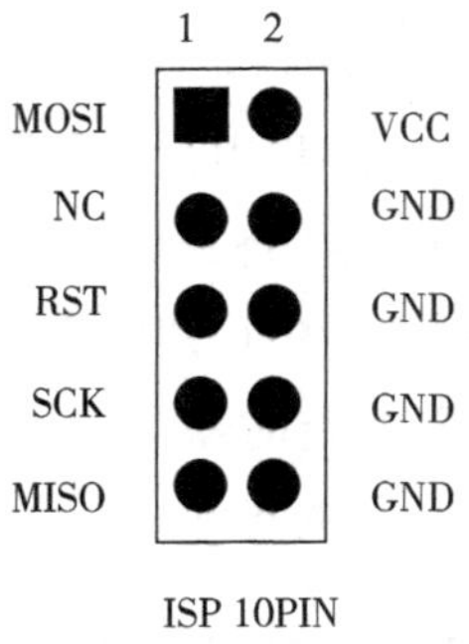

图 1-5　ISP 接口引脚

（一）安装 USBasp 下载线驱动程序

（1）把下载线插到电脑的 USB 接口中，会弹出一个提示窗口。

（2）将 USBasp 下载线连接到电脑后会弹出“找到新的硬件向导”对话框，选择“从列表或指定位置安装”，如图 1-6 所示。

（3）找到驱动程序放置的位置，如图 1-7 所示。

（4）选择驱动程序，如图 1-8 所示。

（5）自动安装完成，如图 1-9 所示。

（6）安装完成后可在“我的电脑”→“设备管理器”中找到 USBasp 字样，如图 1-10 所示。

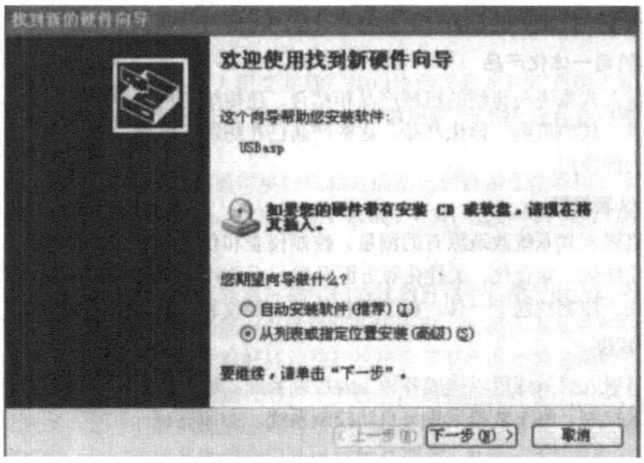

图 1-6　找到新硬件对话框

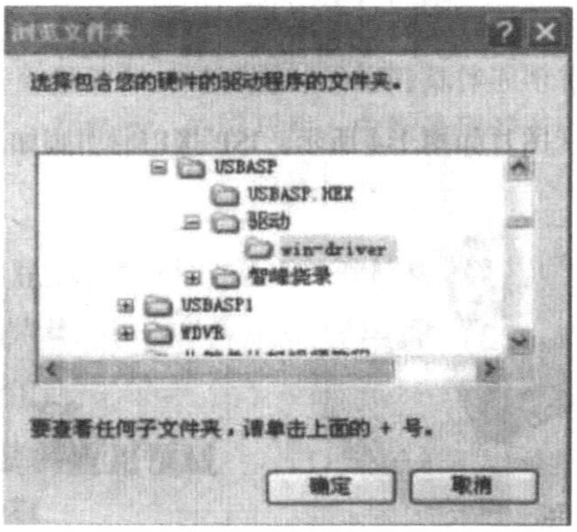

图 1-7　查找驱动程序位置

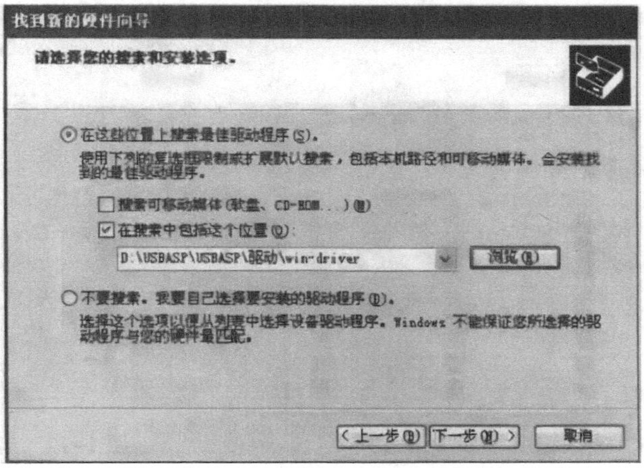

图 1-8　选择驱动程序

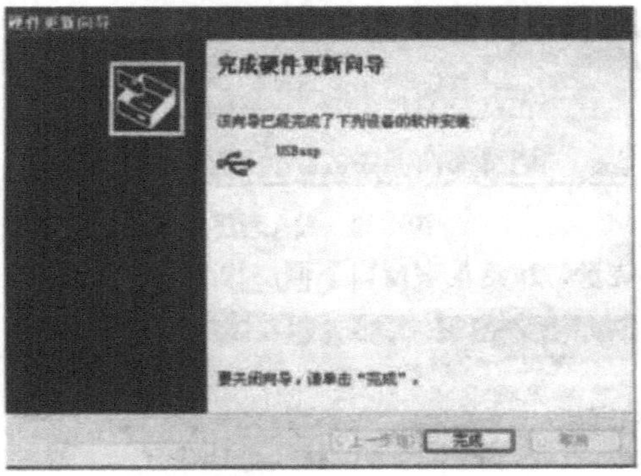

图 1-9　完成安装

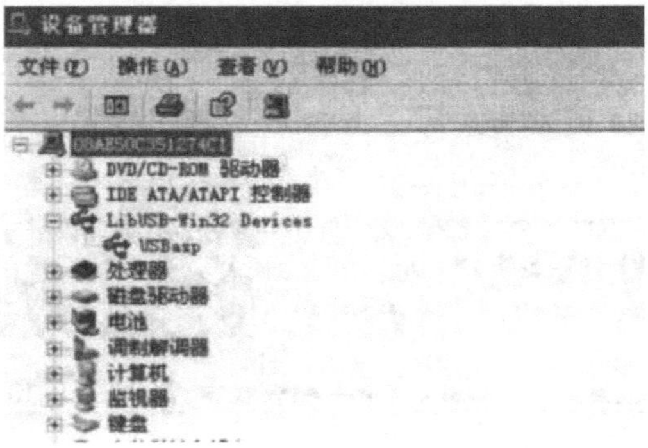

图 1-10　安装成功

（二）下载程序

（1）打开上位机软件，选择要下载程序的芯片，并选择调入 Flash，载入 .hex 程序，如图 1-11 所示。

（2）此时显示正在烧录，注意观察窗口下面的状态条，如图 1-12 所示。

（3）烧录完成，效果如图 1-13 所示。

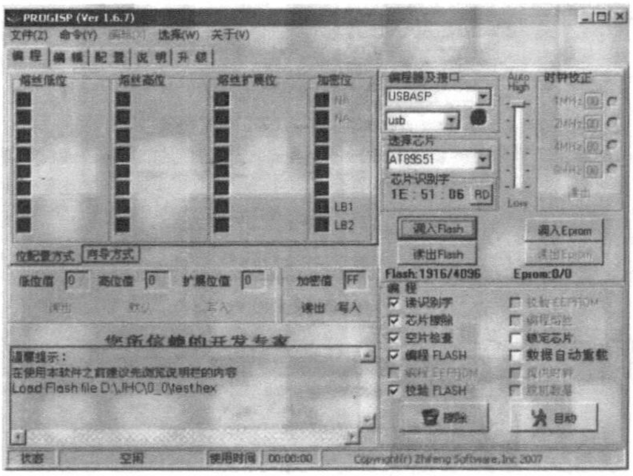

图 1-11　载入程序

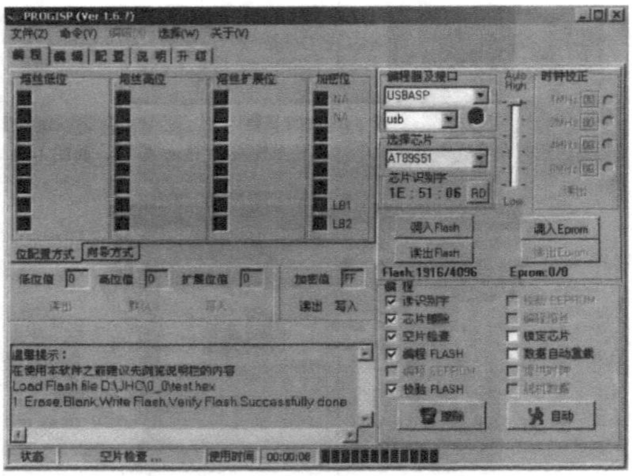

图 1-12　显示烧录

图 1-13　烧录完成

（三）常见问题

软件第一次安装以后，下载 AT89S51 芯片有可能失败，这往往是由上位机编程软件的设置问题导致的。此时请按图 1-14 所示进行设置，然后下载程序。

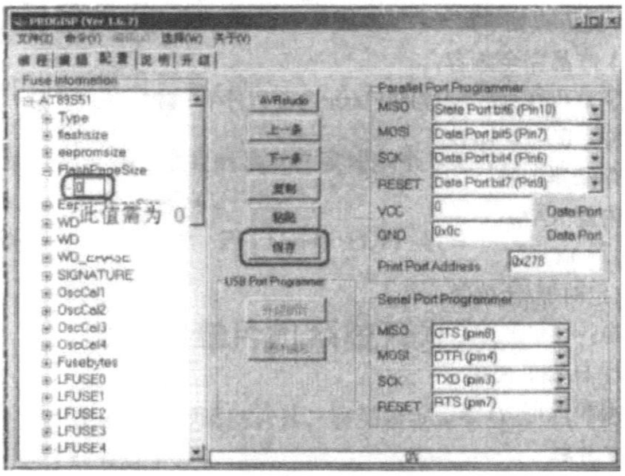

图 1-14　常见问题设置

三、单片机系统开发方法

单片机系统是软件和硬件的逻辑结合体，必须根据系统功能、性能参数的要求，将软件和硬件统一考虑进行设计开发，以求达到最佳效果。

（一）单片机系统的设计要求

单片机系统设计开发受制于功能和具体的应用环境，具有以下特殊的要求：

（1）接口方便，操作容易；

（2）稳定可靠，维护简便；

（3）功耗管理，降低成本；

（4）并发处理，及时响应。

（二）单片机系统的开发特点

单片机系统需要软硬件综合开发，两者密切相关。任何一个单片机系统产品都是软件和硬件的结合体。

一旦单片机系统产品研发完成，软件就固化在硬件环境中。单片机软件是针对相应的单片机硬件系统开发的，是专用的。

（三）单片机系统的开发工具及环境

1. 单片机 C 语言开发工具 Keil C51

Keil C51 是 Keil Sofware 公司出品的 51 系列兼容单片机 C 语言软件开发系统。它可以提供丰富的库函数和功能强大的集成开发调试工具 μVision2，全 Windows 界面，生成的目标代码效率非常高。

2. Proteus 嵌入式系统仿真与开发平台

Proteus 是一个嵌入式系统仿真与开发平台，是英国 Labcenter Electronics 公司出版的 EDA 工具软件。Proteus 不仅具有仿真数字、模拟电路的功能，还具备由微控制器及外围器件组成的混合电路的仿真功能。Proteus 是目前世界上最先进、最完整的嵌入式系统设计与仿真平台。

（四）单片机系统设计中芯片的选择

现在市场上的单片机品种很丰富，8051 只是个基本型。虽然在本课程中主要是以 8051 为例来组织教学，但是在进行单片机系统设计的时候要根据系统的需求，灵活地选用具有不同特性的单片机。

第二章
单片机应用系统工具

单片机应用系统是由硬件系统与软件系统两部分组成的，其中包括运算器、控制器、储存器以及输出输入设备等。本章主要讲解 Keil 软件的基本使用方法和基本调式技巧、硬件开发工具 Proteus 的使用以及单片机应用系统的仿真开发。

第一节　软件开发工具 Keil 的使用

一、Keil 软件的启动

进入 Keil 后，屏幕如图 2-1 所示。几秒钟后出现编辑界面。

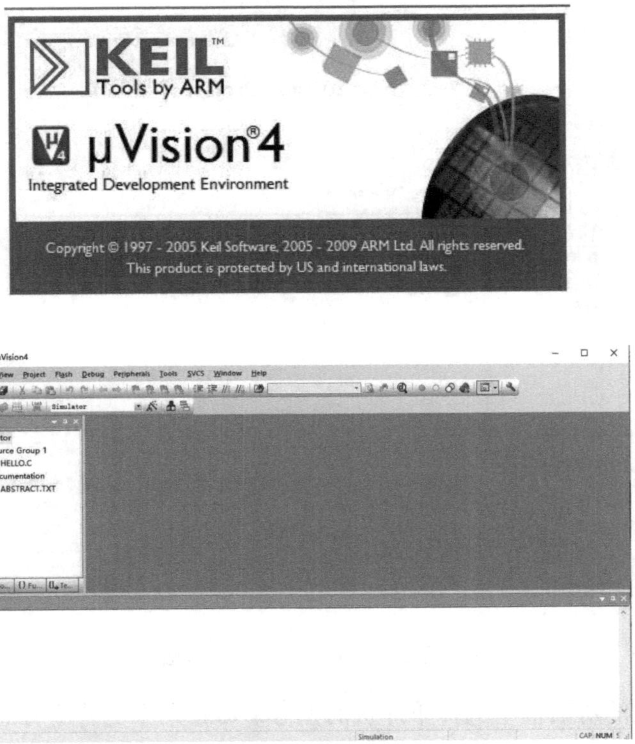

图 2-1　Keil 启动界面

二、Keil 工程项目的建立

（一）建立一个新工程

（1）如图 2-2 所示，单击 Project 菜单，在弹出的下拉菜单中选中 New μVision Project 选项，出现一个对话框，要求选择保存的路径。如图 2-3 所示，可以在编辑框中输入一个工程文件的名字（如保存到 C51 目录里，工程文件的名字为 C51），然后单击保存。

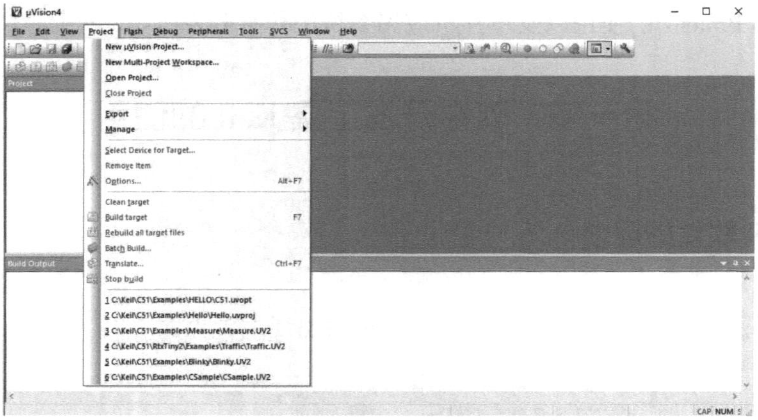

图 2-2　New μVision Project 选项菜单

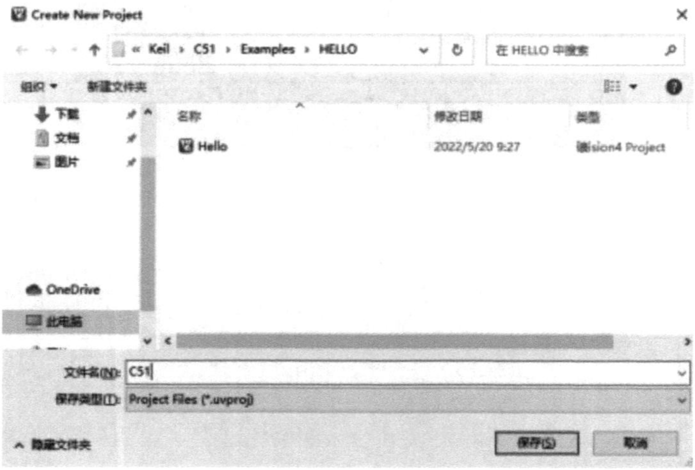

图 2-3　工程文件保存对话框

（2）在弹出的对话框中选择单片机的型号。Keil 几乎支持所有的 51 核的单片机，这里以大家用得比较多的 Atme 为例。如图 2-4 所示，选择单片机型号之后，右边栏是对这个单片机的基本说明，然后点击确定。①

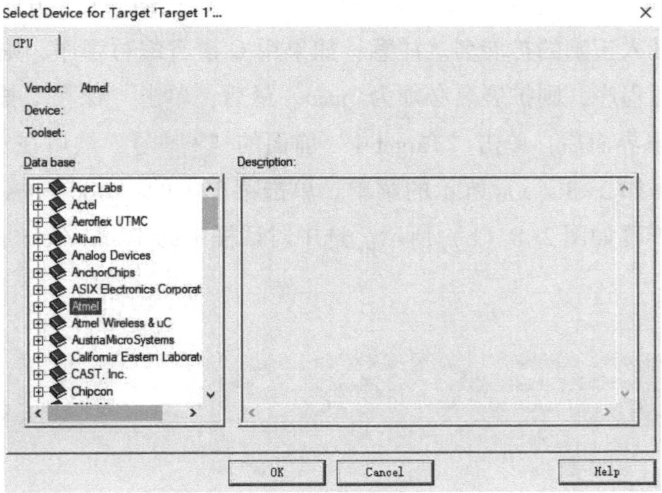

图 2-4　选择单片机型号对话框

（3）完成上一步骤后，屏幕如图 2-5 所示，为工程文件界面。

图 2-5　工程文件界面

（二）源文件的建立及添加

上述建立的是一个空项目，需要根据实际要求编写源程序并添加到项目中。

（1）如图 2-5 所示，单击“File”菜单，并在下拉菜单中单击“New”选项新建文件，屏幕更新后如图 2-6 所示。此时光标在编辑窗口里闪烁，可以键入用户的应用程序

① 贡雪梅，王昆，张伟，龙卓群，陈长征．单片机实验与实践教程［M］．西安：西北工程大学出版社，2014.

（建议首先保存该空白的文件），然后单击菜单上的“File”，在下拉菜单中选中“Save As”选项，出现如图 2-7 所示的对话框。在“文件名”栏的编辑框中，键入欲使用的文件名，同时必须键入正确的扩展名。注意：如果用 C 语言编写程序，则扩展名为 . c；如果用汇编语言编写程序，则扩展名必须为 . asm。最后，单击“保存”按钮。

（2）回到编辑界面后，单击“Target 1”前面的“+”号，然后在“Source Group 1”上单击右键，弹出如 2-8（a）所示的菜单。单击菜单中的“Add Files to Group ‘Source Group1’”项，屏幕如图 2-8（b）所示。选中对话框中的 Test. c/text. asm 文件，然后单击“Add”。

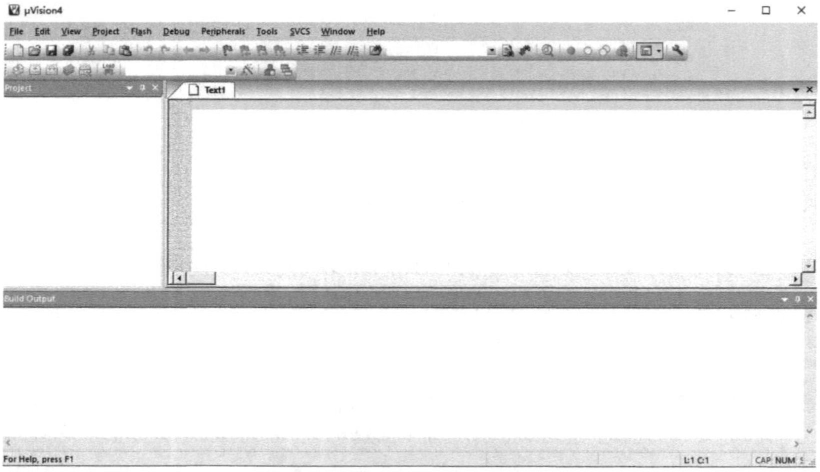

图 2-6　新建文件操作界面

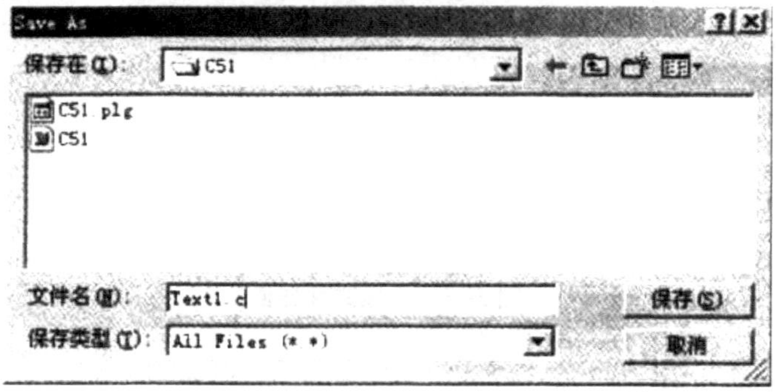

图 2-7　程序文件保存对话框

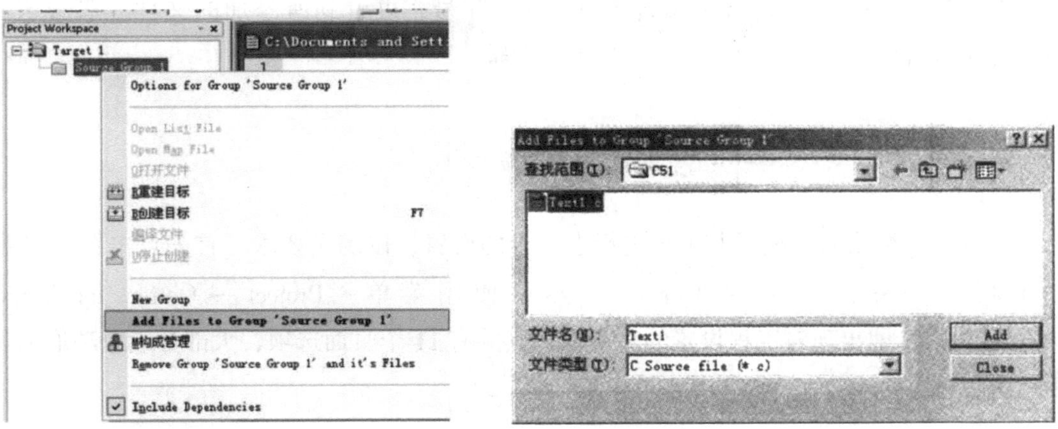

（a）　　　　　　　　　　　　（b）

图 2-8　添加程序文件到工程文件菜单

（3）操作界面出现如图 2-9 所示的文件编辑框。同时，在“Source Group 1”文件夹中多了一个子项“Textl. c”（子项的数量与所增加的源程序的数量相同）。

（4）在光标闪烁处输入源文件。在输入程序时，可以看到事先保存待编辑的文件的好处，即 Keil 会自动识别关键字，并以不同的颜色提示用户加以注意，这样会使用户少犯错误，有利于提高编程效率，程序输入完毕后，界面如图 2-10 所示。

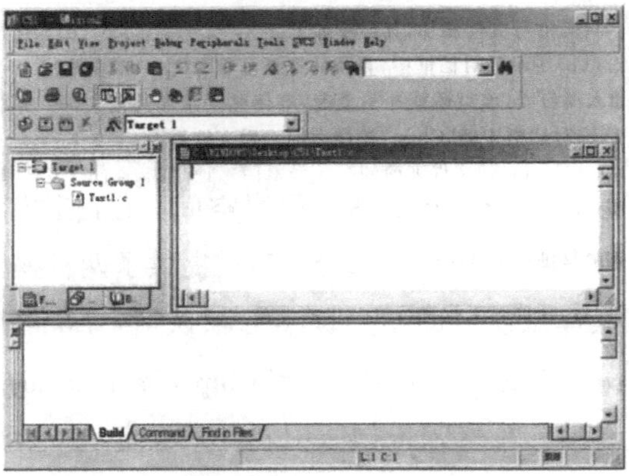

图 2-9　添加程序文件后的工程界面

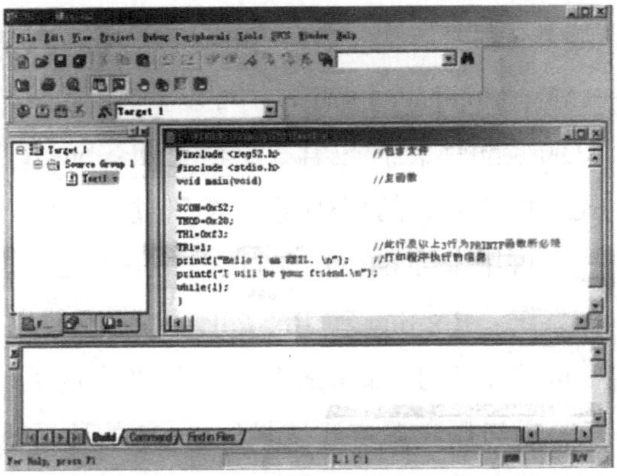

图 2-10　程序编辑界面

由于源文件就是一般的文本文件，而 Keil 的编辑器对汉字的支持不好，所以源文件的编写不一定非要使用 Keil 软件，也可以使用其他任意文本编辑器编写。对于用其他文本编辑器编写的源文件，只需进行文件添加，其步骤如下：

①在如图 2-8（b）所示的对话框中，查找并选择已有源文件，双击添加。

②在文件加入项目后，该对话框并不消失，等待继续添加其他文件。如没有再添加的文件，可单击图 2-8（b）对话框中的“Close”按键返回工程文件界面。

③单击“Source Group 1”文件夹前的“+”号，可看到所添加的文件。双击该文件，即可打开源文件，出现如图 2-10 所示界面。

三、工程的详细设置

工程建立好以后，还要对工程进行进一步的设置，以满足要求。首先点击图 2-5 所示工程文件界面左边的 Target 1，然后使用菜单“Project → Option for Target ‘Target1’”，即出现对工程设置的对话框。其共有 11 个页面选项，大部分设置项取默认值就可以了。

（一）Target 页面

“Xtal”项是对 CPU 晶振频率值进行设置，其默认值为所选目标 CPU 的最高可用频率值，例如 AT89C51 是 24 MHz。该数值与最终产生的目标代码无关，仅用于软件模拟调试时显示程序执行时间。正确设置该数值可使显示时间与实际所用时间一致，一般将其设置成与实际硬件所用晶振频率相同。“Use On-chip ROM”项可确认是否仅使用片内 ROM（注意：选中该项并不会影响最终生成的目标代码量）。“Memory Model”项用于设置 RAM 使用情况，其 3 个选择项分别为 Small 模式、Larget 模式和 Compact 模式。Small 模式下，所有变量都在单片机的内部 RAM 中；Larget 模式下，可以使用全部外部扩展 RAM；Compact 模式下，可以使用一页外部扩展 RAM。“Code Rom Size”项用于设置 ROM 空间，同样也有 3 个选择项：Small 模式，只用低于 2 KB 的程序空间；Compact 模式，单个函数的代码量不能超过 2 KB，整个程序可以使用 64 KB 程序空间；Larget 模式，可用全部 64 KB 空间。“Operating system”项用于操作系统选择。Keil 提供了两种操作系统：Rtx tiny 和 Rtx full，通常不使用任何操作系统，即使用该项的默认值：None。“Off chip Code memory”项组用来确定系统扩展 ROM 的地址范围，“Off Chip xData memory”项组用于确定系统扩展 RAM 的地址范围，这些选项必须根据所用硬件来决定。一般未进行任何扩展时，可按默认值设置。

（二）Output 页面

一般常用的“Creat HEX File”项用于生成可执行代码文件（可以用编程器写入单片机芯片的 HEX 格式文件，文件的扩展名为 .HEX），默认情况下该项未被选中。注意：若涉及硬件仿真，该项必须选中。“Debug Information”项产生调试信息，若需要对程序进行调试，该项应当选中。“Browse Information”项产生浏览信息，该信息可用菜单 View →Browse 来查看，这里取默认值。“Select Folder for Objects”项用来选择最终的目标文件所在的文件夹，默认与工程文件在同一个文件夹中。“Name of Executable”项用于指定最终生成的目标文件的名字，默认与工程的名字相同。这两项一般不需要更改。

工程设置对话框中的其他各页面与 C51 编译选项、A51 汇编选项、BL51 连接器的连接选项等用法有关，这里均取默认值，不作任何修改。以下仅对有关页面中常用的选项作一个简单介绍。

（三）Listing 标签页

该页主要用于调整生成的列表文件选项。在汇编或编译完成后将产生 *.lst 的列表文件，在链接完成后将产生 *.m51 的列表文件，该页用于对列表文件的内容和形式进行细致的调节。其中比较常用的选项是“CCompile Listing”下的“Assamble Code”项，选中该项可以在列表文件中生成 C 语言源程序所对应的汇编代码。

（四）C51 标签页

该页主要用于对 Keil 的 C51 编译器的编译过程进行控制，其中比较常用的是“Code Optimization”组。如图 2-11 所示，该组中“Level”是指优化等级，C51 在对源程序进行编译时，可以对代码进行 9 级优化，默认使用第 8 级，一般不必修改。如果在编译中出现一些问题，可以降低优化级别试一试。“Emphasis”是选择编译优先方式，第一项是代码量优化（最终生成的代码量小），第二项是速度优先（最终生成的代码速度快），第三项是缺省。默认的是速度优先，可根据需要更改。①

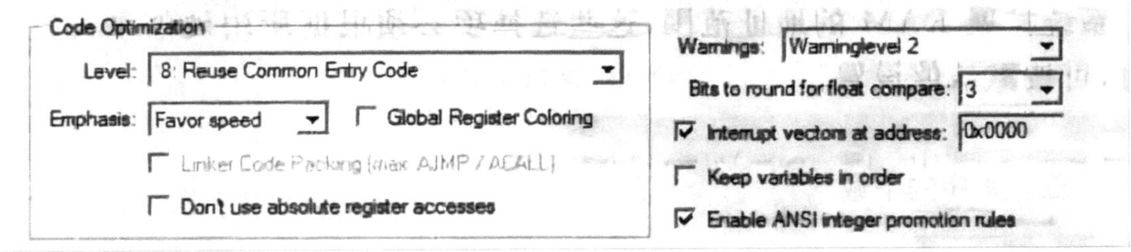

图 2-11 C51 标签页

四、程序的编译、链接和调试

（一）编译、链接

如图 2-10 中，单击“Project”菜单，在下拉菜单中选中“Built Target”选项（或者

① 贡雪梅，王昆，张伟，龙卓群，陈长征. 单片机实验与实践教程［M］. 西安：西北工程大学出版社，2014.

使用快捷键 F7)，进行自动编译、链接。编译、链接成功后，再单击“Project”菜单，在下拉菜单中选中“Start/Stop Debug Session”选项（或者使用快捷键 Ctrl+F5)，出现编译程序界面。

（二）调试

在图 2-10 中，单击“Debug”菜单，出现下拉菜单，单击“Go”选项（或者使用快捷键 F5)，运行程序；然后，再单击“Debug”菜单，在下拉菜单中单击“Stop Running”选项（或者使用快捷键 Esc)，结束运行；最后，单击“View”菜单，在下拉菜单中选中“Serial Windows #1”选项，观察程序运行的结果，其结果如图 2-12 所示。

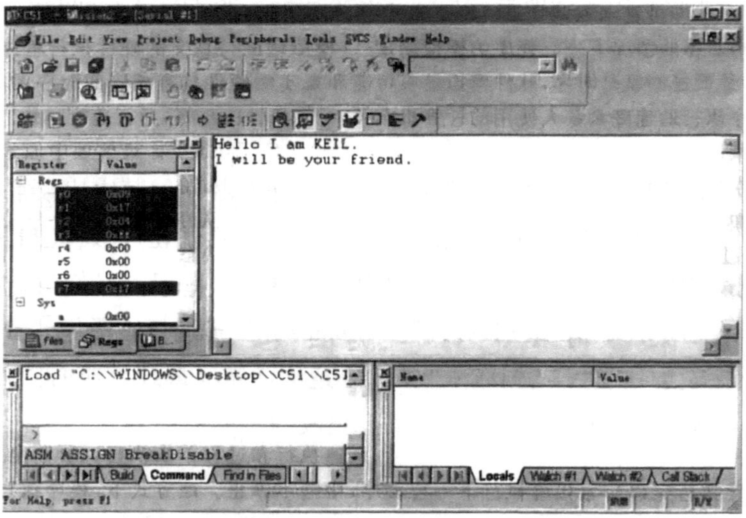

图 2-12　程序运行结果

五、程序的下载

前面已建好了一个工程项目，但这只是纯软件的仿真开发过程。该工程项目还需通过程序下载器将其装载到指定的单片机中去，方可正常使用，其具体步骤如下：

（1）单击“Proiect”菜单。

（2）在下拉菜单中单击“Options for Target”选项，出现工程文件设置对话框。

（3）单击“Output”，选中“Create HEX File”选项，使程序编译后产生 HEX 代码，供下载器软件使用。把程序下载到指定单片机中。

六、Keil 的调试命令、在线汇编与断点设置

源程序在编写过程中可能会出现一些错误，必须通过调试才能发现并解决，以得到正确的结果。因此，调试是软件开发中重要的一个环节。下面来介绍一些调试过程中常用的方法。

（一）常用调试命令

在对工程成功地进行汇编、链接以后，按 Ctrl+F5 或者使用菜单 Debug→Start/Stop Debug Session 即可进入调试状态。Keil 内建了一个仿真 CPU 用来模拟执行程序，可以在没有硬件和仿真器的情况下进行程序的模拟调试。（模拟调试与真实的硬件执行程序是有区别的，其中最明显的就是时序，软件模拟是不可能和真实的硬件具有相同的时序的，具体的表现就是程序执行的速度和使用的计算机有关，计算机性能越好，运行速度越快。）

进入调试状态后，界面与编缉状态相比有明显的变化，但“Debug”菜单项中原来不能使用的命令现在可以使用了，同时，工具栏会多出一个用于运行和调试的工具条。Debug 菜单上的大部分命令可以在此找到对应的快捷按钮，从左到右依次是复位、运行、暂停、单步、过程单步、执行完当前子程序、运行到当前行、下一状态、打开跟踪、观察跟踪、反汇编窗口、观察窗口、代码作用范围分析、1#串行窗口、内存窗口、性能分析、工具按钮命令。

在程序调试过程中，经常会用到单步执行、全速执行和过程单步执行。所谓全速执行，是指一行程序执行完以后紧接着执行下一行程序，中间不停止。该方式下，程序执行的速度较快，可以看到该段程序执行的总体效果，即最终结果正确还是错误。但如果程序有错，则难以确认错误出现在哪里。使用菜单中的“Run”、相应命令按钮或使用快捷键 F5 都可以完成程序的全速执行。所谓单步执行是指每次执行一行程序后即停止，等待命令再执行下一行程序。该方式下可以观察该行程序执行的结果，判断该行程序是否正确，借此可以找到程序中的问题所在。使用菜单“STEP”、相应的命令按钮或使用快捷键 F11 都可以完成单步执行程序。所谓过程单步执行是指将汇编语言中的子程序或高级语言中的函数作为一个语句来全速执行。使用菜单“STEPOVER”或功能键 F10 可以完成过程单步执行命令。

按下 F11 键，可以看到源程序窗口的左边出现了一个黄色调试箭头，指向源程序的第一行，如图 2-13 所示。每按一次 F11，即执行该箭头所指程序行，然后箭头指向下一行。当箭头指向程序行为“LCALL DELAY”行时，再次按下 F11，箭头指向子程序 DE-

LAY 的第一行。不断按 F11 键，即可逐步执行该子程序。

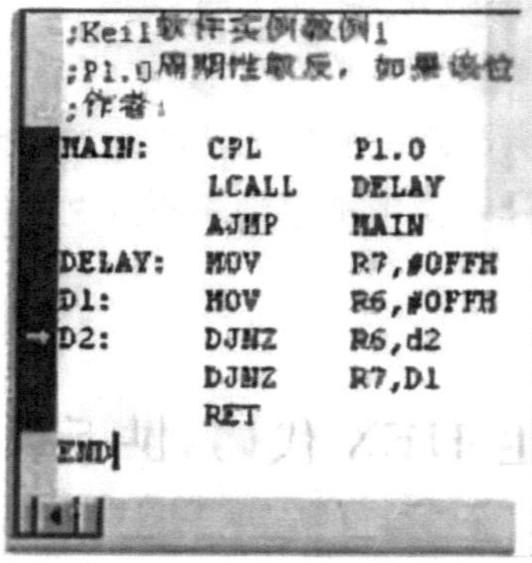

图 2-13 调试窗口

通过单步执行程序，可以找出一些问题的所在，但是仅依靠单步执行来查错有时是困难的，或虽能查出错误但效率很低，为此必须辅之以其他的方法。常用的方法有：

（1）把光标定位于指定行，利用菜单 Debug→Run to Cursor line（执行到光标所在行），即可全速执行完黄色箭头与光标之间的程序行。

（2）使用菜单 Debug→Step Out of Current Function（单步执行到该函数外）全速执行完调试光标所在的子程序或子函数并指向主程序中的下一行程序。

（3）在开始调试时，按 F10 而非 F11，程序也将单步执行，不同的是，执行到“LCALL DELAY”行时，按下 F10 键，调试光标不进入子程序的内部，而是全速执行完该子程序。

（二）在线汇编

在进入 Keil 的调试环境以后，如果发现程序有错，可以直接对源程序进行修改，但是要使修改后的代码起作用，必须先退出调试环境，重新进行编译、链接后再次进入调试。如果只需要对某些程序行进行测试，或仅需对源程序进行临时的修改，可以利用 Keil 软件提供的在线汇编功能。可将光标定位于需要修改的程序行上，使用菜单 Debug→Inline Assambly…即可出现如图 2-14 所示的对话框。在“Enter New Instruction”后面的编缉框内直接输入需更改的程序语句，输入完后键入回车将自动指向下一条语句，可以继续修改。如果不再需要修改，可以点击右上角的关闭按钮关闭窗口。

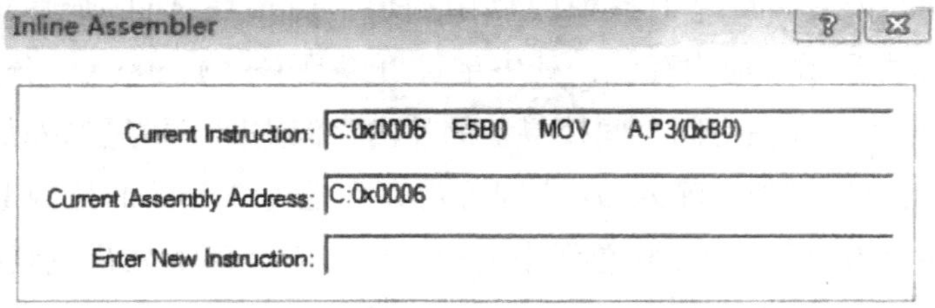

图 2-14　在线调试对话框

（三）断点设置

调试程序时，一些程序行必须满足一定的条件才能被执行到，而这些条件往往是异步发生或难以预先设定的。因此，这类问题使用前面介绍的调试方法是很难调试的，这就需要使用程序调试中的另一种非常重要的方法——断点设置。

断点设置就是在程序某一行设置断点，断点设好后可以全速运行程序，一旦执行到该程序行即停止。此方法可观察有关变量值，以确定问题所在。在程序中进行断点设置和修改可以采用以下几种方法：

（1）程序行设置/移除断点：将光标定位于需要设置断点的程序行，使用菜单 Debug→Insert/Remove Break Point 功能来设置或移除断点（也可用鼠标双击该行或使用 F9 功能键）。

（2）开启或暂停光标所在行的断点功能：使用菜单 Debug→Enable/Disable Breakpoint 功能或 Ctrl+F9。

（3）暂停所有断点：使用菜单 Debug→Disable All Breakpoint 功能。

（4）清除所有设置的断点；使用菜单 Debug→Kill All BreakPoint 功能或 Ctrl+Shift+F9。

七、Keil 程序调试窗口

在程序调试过程中，Keil 还提供了各种不同用途的窗口，以便观测程序运行和调试情况。Keil 软件在调试程序时提供的窗口主要包括输出窗口（Output Windows）、观察窗口（Watch & Call Statck Windows）、存储器窗口（Memory Window）、反汇编窗口（Dissambly Window）、串行窗口（Serial Window）等。进入调试模式后，可以通过菜单 View 下的相应命令打开或关闭这些窗口。

图 2-15 所示分别为输出窗口、存储窗口和观察窗口，各窗口的大小可以使用鼠标调整。进入程序调试状态后，输出窗口自动切换到 Command 页。该页用于输入调试命令和输出调试信息。

存储窗口中可以显示系统中各种内存中的值，通过在 Address 后的编辑框内输入“字母：数字”即可显示相应内存值，其中字母可以是 C、D、I、X，分别代表代码存储空间、直接寻址的片内存储空间、间接寻址的片内存储空间、扩展的外部 RAM 空间，数字代表要查看的地址。例如，输入 D：0 即可观察到地址 0 开始的片内 RAM 单元值，键入 C：0 即可显示从 0 开始的 ROM 单元中的值，即查看程序的二进制代码。该窗口的值可以以各种形式显示，如十进制、十六进制、字符形式等，改变显示方式的方法是点鼠标右键，在弹出的快捷菜单中选择。该菜单用分隔条分成 3 部分，其中，第一部分与第二部分的 3 个选项为同一级别。选中第一部分的任一选项，内容将以整数形式显示。其中，Decimal 项是一个开关，如果选中该项，窗口中的值将以十进制的形式显示，否则按默认的十六进制方式显示；Unsigned 和 Signed 分别代表无符号形式和有符号形式，其后分别有 3 个选项：Char、Int、Long，分别代表以单字节方式显示、将相邻双字节组成整型数方式显示、将相邻 4 字节组成长整型方式显示。有关数据格式与 C 语言规定相同。第二部分的 Ascii 项则将以字符形式显示，选中 Float 项将相邻 4 字节组成的数以浮点形式显示，选中 Double 项则将相邻 8 字节组成的数以双精度形式显示。第三部分的 Modify Memory at X：xx 用于更改鼠标处的内存单元值，选中该项即出现如图 2-16 所示的对话框，可以在对话框内输入要修改的内容。

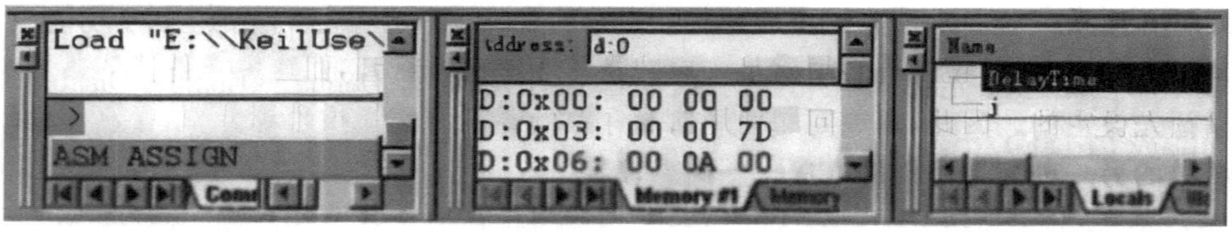

(a) (b) (c)

图 2-15 调试窗口

(a) 输出窗口；(b) 存储窗口；(c) 观察窗口

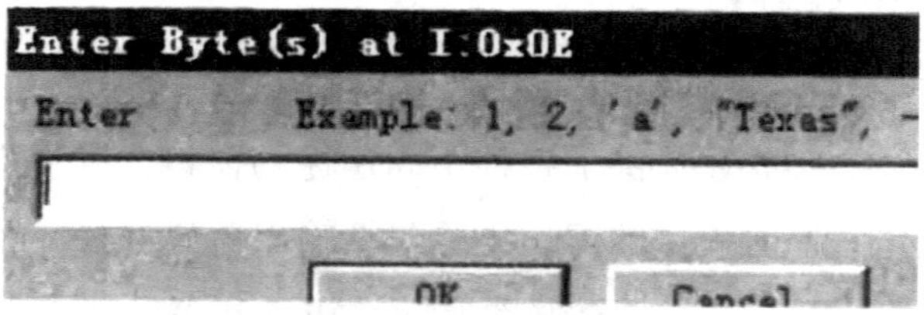

图 2-16 内存单元值更改对话框

工程窗口寄存器页，其包括了当前的工作寄存器组和系统寄存器（如 A、DPTR、PC 等）。每当程序执行到对某寄存器的操作时，该寄存器会以反色（蓝底白字）显示，用鼠标单击，然后按下 F2 键，即可修改该值。工程窗口中仅可以观察到工作寄存器和给定的几种寄存器，如果需要观察其他寄存器值或在高级语言编程时需要直接观察变量，就要借助于观察窗口。

第二节　硬件开发工具 Proteus 的使用

一、Proteus 介绍

Proteus 是一个基于 ProSPICE 混合模型仿真器的嵌入式系统硬件设计仿真软件。Proteus 软件由两部分组成：一部分是智能原理图输入系统 ISIS（Intelligent Schematic Input System）和虚拟仿真模式 VSM（Visual Simulation Model）；另一部分是高级布线及编辑软件 ARES（Advanced Routing and Editing Software），也就是 PCB。①

（一）启动

双击桌面上的 ISIS 7 Professional 图标，或者单击屏幕左下方的开始→程序→Proteus 7 Professional→ISIS 7 Professional，进入 Proteus ISIS 集成环境。

（二）Proteus VSM 的仿真

Proteus 不但可提供超过 8000 种模拟、数字元器件构成的 30 多种元件库，而且对于元器件库中没有的元件，设计者也可以通过软件自己创建。除此之外，Proteus 软件还支持电路的虚拟仿真模式 VSM，其提供了各种虚拟仪器，如常用的虚拟示波器、信号发生器、交直流电流表和电压表、SPI 调试器、虚拟终端等。Proteus VSM 提供了两种不同的仿真方式：①用于实时直观地反映电路仿真结果的交互式仿真；②基于图表的仿真，支持图形化的分析功能。

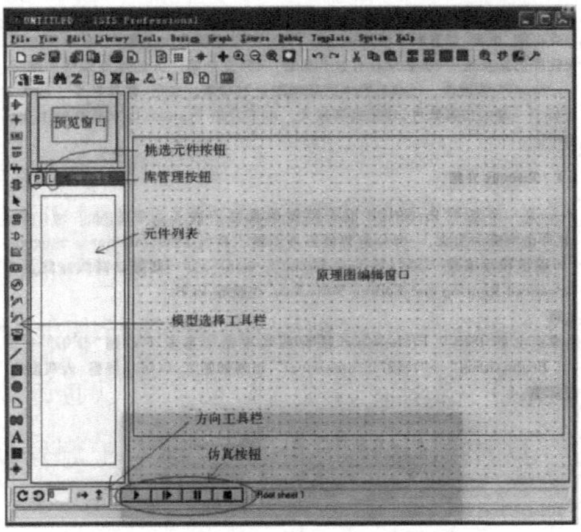

图 2-17　主界面

二、Proteus 的基本操作

运行 Proteus 的 ISIS，进入仿真软件的主界面，如图 2-17 所示。主界面分为菜单栏、

① 贡雪梅，王昆，张伟，龙卓群，陈长征．单片机实验与实践教程［M］．西安：西北工业大学出版社，2014.

工具栏、编辑窗口、预览窗口、元件列表区、仿真按钮等。

（一）主要窗口及按钮功能

1. 编辑窗口

在编辑窗口内可完成电路原理图的编辑和绘制。为了方便作图，ISIS 中坐标系统的基本单位是 10 nm；坐标原点默认在图形编辑区的中间，图形的坐标值能够显示在屏幕右下角的状态栏中。

（1）点状栅格（The Dot Grid）与捕捉到栅格（Snapping to a Grid）。编辑窗口内有点状的栅格，可以通过 View 菜单的 Grid 命令在打开和关闭之间切换。点与点之间的间距由当前捕捉的设置决定。捕捉的尺度可以由 View 菜单的 Snap 命令设置，或者直接使用快捷键 F4、F3、F2 和 Ctrl+F1，如图 2-18 所示。若按下 F3，或者通过 View 菜单选中 Snap 100th，当鼠标在图形编辑窗口内移动时，坐标值以固定的步长 100th 变化，这称为捕捉。若想要确切地看到捕捉位置，可以使用 View 菜单的 XCursor 命令，选中后将会在捕捉点显示一个小的或大的交叉十字。

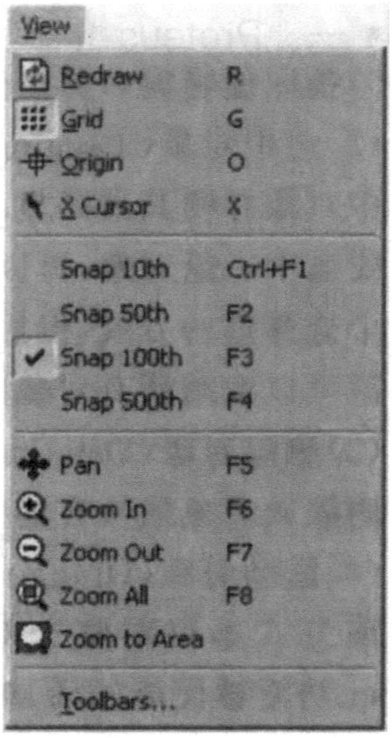

图 2-18 捕捉栅格

（2）实时捕捉（Real Time Snap）。当鼠标指针指向管脚末端或者导线时，鼠标指针将会捕捉到这些物体，这种功能被称为实时捕捉。该功能可以方便地实现导线和管脚的连接。也可以通过 Tools 菜单的 Real Time Snap 命令或者是快捷键 Ctrl+S 切换该功能。

（3）显示内容刷新。可以通过 View 菜单的 Redraw 命令来刷新显示内容，同时预览窗口中的内容也将被刷新。当执行其他命令导致显示错乱时，可以使用该功能恢复显示。

（4）视图的缩放与移动。可以通过如下几种方式实现视图的缩放与移动：

① 用鼠标左键点击预览窗口中想要显示的位置，这将使编辑窗口显示以鼠标点击处为中心的内容。

② 在编辑窗口内移动鼠标，按下 Shift 键，用鼠标“撞击”边框，会使显示平移。这被称为 Shift-Pan。

③ 用鼠标指向编辑窗口并按缩放键，或者操作鼠标的滚动键，会以鼠标指针位置为中心重新显示。

2. 预览窗口

该窗口通常显示整个电路图的缩略图。在预览窗口上点击鼠标左键，将会有一个矩形蓝绿色框标示出在编辑窗口中的显示区域。其他情况下，预览窗口显示将要放置的对象的预览。这种 Place Preview 特性在下列情况下被激活：

（1）当一个对象在选择器中被选中时。

（2）当使用旋转或镜像按钮时。

（3）当为一个可以设定朝向的对象选择类型图标时（例如：Component icon，Device Pin icon，等等）。

（4）当放置对象或者执行其他非以上的操作时，Place Preview 会自动消除。

（5）对象选择器（Object Selector）根据由图标决定的当前状态显示不同的内容。显示对象的类型包括设备、终端、管脚、图形符号、标注和图形。

（6）在某些状态下，对象选择器有一个 Pick 切换按钮，点击该按钮可以弹出库元件选取窗体。通过该窗体可以选择元件并置入对象选择器，供绘图时使用。

3. P 按钮

通过元件挑选 P 按钮，在 Pick devices 窗口中选择系统所需元器件，还可以选择元件的类别、生产厂家等。通过 P 按钮，从元件库中选择对象，并置入对象选择器窗口，供绘图时使用。显示对象的类型包括设备、终端、管脚、图形符号、标注和图形。

（二）图形编辑基本操作

1. 对象放置

放置对象的步骤如下：

（1）根据对象的类别在工具箱中选择相应模式的图标（Mode Icon）。

（2）根据对象的具体类型选择子模式图标（sub-mode icon）。

（3）对象类型是元件、端点、管脚、图形、符号或标记，从选择器（Selector）中选择所需对象的名字。对于元件、端点、管脚和符号，可能首先需要从库中调出。

（4）若对象是有方向的，将会在预览窗口显示出来，可以通过预览对象方位按钮对对象进行调整。

（5）指向编辑窗口并点击鼠标左键放置对象。

2. 选中对象

用鼠标指向对象并点击右健可以选中该对象。该操作选中对象并使其高亮显示，然后可以进行编辑。选中对象时，该对象上的所有连线同时被选中。要选中一组对象，可以使用依次右击选中每个对象的方式，也可以使用右键拖出一个选择框的方式，但后者只有完全位于选择框内的对象才可以被选中。在空白处点击鼠标右键可以取消所有对象的选择。

3. 删除对象

用鼠标指向选中的对象并点击右键可以删除该对象，同时删除该对象的所有连线。

4. 拖动对象

用鼠标指向选中的对象并用左键拖曳可以拖动该对象。该方式不仅对整个对象有效，而且对对象中单独的 labels 有效。使用 Wire Auto Router 功能时，被拖动对象上所有的连线将会重新排布。这将花费一定的时间（10 s 左右），尤其在对象有很多连线的情况下，这时鼠标指针将显示为一个沙漏。如果误拖动一个对象，可以使用 Undo 命令撤消操作，恢复原来的状态。

5. 拖动对象标签

许多类型的对象有一个或多个属性标签附着。例如，每个元件有一个“reference”标签和一个“value”标签。可以很容易地移动这些标签，使电路图看起来更美观。

移动标签的步骤如下：

（1）选中对象。

（2）用鼠标指向标签，按下鼠标左键。

（3）拖动标签到需要的位置，如果想要定位得更精确的话，可以在拖动时改变捕捉的精度（使用 F4、F3、F2、Ctrl+F1 键）。

（4）释放鼠标。

6. 调整对象大小

子电路（Sub-circuits）、图表、线、框和圆等可以调整大小。当选中这些对象时，对象周围会出现黑色小方块“手柄”，可以通过拖动这些“手柄”来调整对象的大小。调整对象大小的步骤如下：

（1）选中对象。

（2）如果对象可以调整大小，对象周围会出现黑色小方块“手柄”。

（3）用鼠标左键拖动这些“手柄”到新的位置，可以改变对象的大小。在拖动的过程中手柄会消失，以便不和对象的显示混叠。

7. 调整对象的朝向

许多类型的对象可以调整朝向为 0°、90°、270°、360°，或通过 x 轴、y 轴镜像。该类型对象被选中后，“Rotation and Mirror” 图标会从蓝色变为红色，然后就可以改变对象的朝向。调整对象朝向的步骤如下：

（1）选中对象。

（2）用鼠标左键点击 Rotation 图标可以使对象逆时针旋转，用鼠标右键点击 Rotation 图标可以使对象顺时针旋转。

（3）用鼠标左键点击 Mirror 图标可以使对象按 x 轴镜像，用鼠标右键点击 Mirror 图标可以使对象按 y 轴镜像。

8. 编辑对象

许多对象具有图形或文本属性，这些属性可以通过一个对话框进行编辑，这是一种很常见的操作，有多种实现方式。

编辑单个对象的步骤如下：

（1）选中对象。

（2）用鼠标左键点击对象。

连续编辑多个对象的步骤如下：

（1）选择 Main Mode 图标，再选择 Instant Edit 图标。

（2）依次用鼠标左键点击各个对象。

以特定的编辑模式编辑对象的步骤如下：

（1）指向对象。

（2）使用键盘 Ctrl+E。

对于文本脚本来说，这将启动外部的文本编辑器。如果鼠标没有指向任何对象，该命令将对当前的图进行编辑。

（三）编辑元件

1. 编辑元件

步骤如下：

（1）键入“E”。

（2）在弹出的对话框中输入元件的名称（part ID）。

确定后将会弹出该项目中任何元件的编辑对话框，并非只限于当前 sheet 的元件。编辑完后，画面将会以该元件为中心重新显示。同时，可以通过该方式来定位一个元件。

2. 编辑对象标签

元件、端点、线和总线标签都可以像元件一样编辑。编辑单个对象标签的步骤如下：

（1）选中对象标签。

（2）用鼠标左键点击对象。

连续编辑多个对象标签的步骤如下：

（1）选择 Main Mode 图标，再选择 Instant Edit 图标。

（2）依次用鼠标左键点击各个标签。

3. 拷贝所有选中的对象

拷贝一整块电路的方法如下：

（1）选中需要的对象。

（2）用鼠标左键点击 Copy 图标。

（3）把对象的轮廓拖到需要的位置，点击鼠标左键放置对象。

（4）重复步骤（3）放置多个对象。

（5）点击鼠标右键结束。

一组元件被拷贝后，它们的标注自动重置为随机态，用来为下一步的自动标注做准备，防止出现重复的元件标注。

4. 移动所有选中的对象

移动一组对象的步骤如下：

（1）选中需要的对象。

（2）把对象的轮廓拖到需要的位置，点击鼠标左键放置。可以使用块移动的方式来移动一组导线，而不移动任何对象。

5. 删除所有选中的对象

删除一组对象的步骤如下：

（1）选中需要的对象。

（2）用鼠标左键点击 Delete 图标。

如果错误删除了对象，可以使用 Undo 命令来恢复原状。

（四）对象的放置和编辑

1. 对象的添加和放置

点击工具箱的元器件按钮，使其选中，再点击 ISIS 对象选择器左边中间的 P 按钮，出现“Pick Devices”对话框。

在该对话框中可以选择元器件。下面以添加单片机 AT89C51 为例，说明怎样把元器件添加到编辑窗口。

在“Category”（器件种类）下面，可找到“Microprocessor ICs”选项，用鼠标左键点击一下，在对话框的右侧出现大量常见的各种型号的单片机。

双击“AT89C51”，左边的对象选择器中就出现了 AT89C51 元件。点击该元件，然后把鼠标指针移到右边的原理图编辑区的适当位置，点击鼠标的左键，可将 AT89C51 放到原理图区。

2. 放置电源及接地符号

在 ISIS 中器件的 Vcc 和 GND 引脚被隐藏，故在使用的时候可以不加电源和接地。如果需要添加电源和接地，可以点击工具箱的接线端按钮，对象选择器上将会出现一些接线端。在器件选择器中点击 GROUND，将鼠标移到原理图编辑区，用左键点击一下即可放置接地符号；同理，也可以把电源符号 POWER 放到原理图编辑区。

3. 对象的编辑

调整对象的位置和放置方向，以及改变元器件的属性等，有选中、删除、拖动等基本操作。如前所述，方法很简单，不再详细说明。其他操作还有：

（1）拖动标签

许多类型的对象有一个或多个属性标签附着。可以很容易地移动这些标签使电路图看起来更美观。移动标签的步骤如下：首先点击右键选中对象，然后用鼠标指向标签，按下鼠标左键。一直按着左键就可以拖动标签到需要的位置，释放鼠标即可。

（2）对象的旋转

许多类型的对象可以调整旋转为 0°、90°、270°、360°，或通过 x 轴、y 轴镜像旋转。该类型对象被选中后，“旋转工具按钮”图标会从蓝色变为红色，然后就可以改变对象的放置方向。旋转的具体方法是：首先点击右键选中对象，然后根据要求用鼠标左键点击旋转工具的 4 个按钮，如图 2-19 所示。

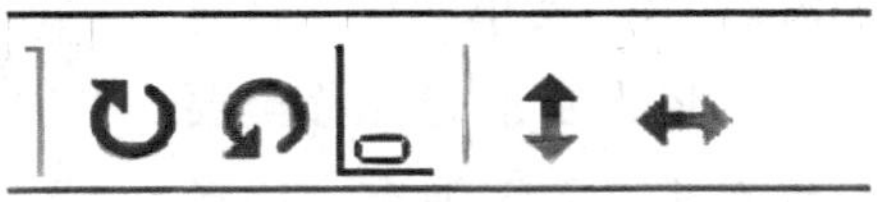

图 2-19 旋转工具按钮

（五）原理图导线的绘制

1. 画导线

Proteus ISIS 中的线路自动路径器（WAR）提供两个连接点间连线的自动检测功能，可自动定出线路径。元件和终端的管脚末端都有连接点，两个连接点分别单击选中后，WAR 将自动选择一个合适的线径连线。该功能默认是打开的，可通过使用工具菜单中的 WAR 命令来关闭，也可将鼠标的指针靠近一个对象的连接点，鼠标的指针就会出现一个“×”号。用左键点击元器件的连接点，移动鼠标（不用一直按着左键），接近另一个连接点，屏幕上出现粉红色的连线；点击左键确定，粉红色的连接线变成了深绿色连线。

若要改变走线路径，只需在想要的拐点处点击鼠标左键即可。在此过程的任何时刻，都可以按 Esc 或者点击鼠标右键来放弃画线。

2. 画总线

为了简化原理图，可以用一条导线代表数条并行的导线，这就是所谓的总线。点击工具箱的总线按钮，即可在编辑窗口画总线。

3. 画总线分支线

总线分支线是用来连接总线和元器件管脚的，点击工具栏中的相应按钮即可开始绘制。为了和一般的导线区分，一般用斜线来表示分支线，并用名称区分开来，同时需关闭 WAR 功能。给分支线起名，需先右击分支线选中，然后左击选中的分支线，出现分支线编辑对话框，最后在对话框中为分支线起名。

总线分支线的同端是连接在一起的，放置方法是用鼠标单击连线工具条中的图标或者执行 Place/Net Label 菜单命令，这时光标变成十字形并且有一虚线框在工作区内移动，按一下键盘上的 Tab 键，系统弹出网络标号属性对话框，如图 2-20 所示。在 String 项定义网络标号，比如 a，单击“OK”，将设置好的网络标号放在第 1 步放置的短导线上面（注意一定是上面），单击鼠标左键即可将之定位。

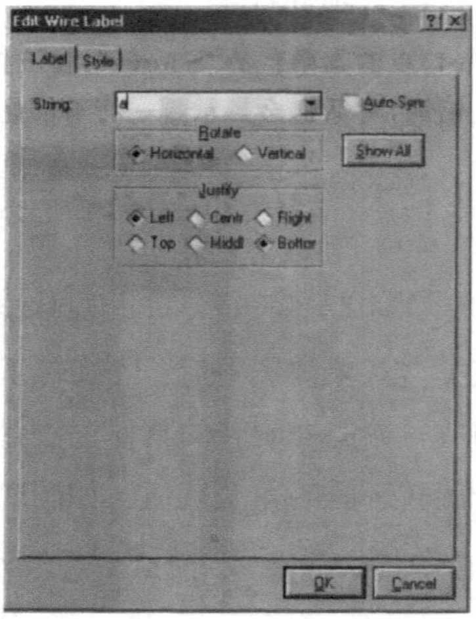

图 2-20　网络标号属性对话框

放置总线，将各总线分支连接起来，方法是单击放置工具条中的图标或执行 Place/Bus 菜单命令，这时工作平面上将出现十字形光标，将十字形光标移至要连接的总线分支处，单击鼠标左键，系统弹出十字形光标并拖着一条较粗的线，然后将十字形光标移至另一个总线分支处，单击鼠标的左键，一条总线就画好了。当电路中多条数据线、地址线、控制线并行时可使用总线设计。

三、Proteus 仿真过程

（一）软件的编写

软件的编写可以在 Keil C51、Wave 等环境下进行，程序可以采用汇编语言或 C 语言编写。编写完成后进行编译，生成 *.hex 可执行文件。软件也有自带编译器的，如 ASM、PIC、AVR 汇编器等。

（二）程序的添加

在 ISIS 添加编写好的程序，方法如下：

（1）点击菜单栏“Source”，在下拉菜单点击“Add/Remove Source Files”（添加或删除源程序），出现一个对话框。

（2）点击对话框的“NEW”按钮，在出现的对话框中找到设计好的文件（如 huayang. asm），点击打开。

（3）在“Code Generation Tool”的下面找到“ASEM51”，然后点击“OK”按钮。

（4）点击菜单栏的“Source”，在下拉菜单中点击“Build All”，会出现编译结果的对话框。如果有错误，对话框会提示哪一行有问题。

四、硬件仿真

电路连接完成后，选中 AT89C51，单击鼠标左键，打开“Edit Component”对话框。直接在“Clock Frequency”中进行频率设定（如设定单片机的时钟频率为 12 MHz）；在“Program File”栏中选择已经生成的 .hex 文件（如 data. hex），把编写的程序导入 Proteus，然后单击“OK”按钮保存；单击运行按钮，就可以进行单片机的仿真了。

如果仿真结果与实际的不相符合，可以检查程序或硬件连接，进行修改。在仿真的过程中，每个管脚旁边会出现一个小方块，红色表示高电平，蓝色表示低电平。通过方块颜色的变化可以很方便地知道每个管脚电平的变化，从而能对系统的运行有更直观的了解，这对程序的调试有很大的帮助。

第三节　单片机系统的仿真开发

一、传统开发过程

良好的单片机硬件系统配合正确的软件控制才可使单片机应用系统具有实际功能。传统的系统开发要经历 3 个基本过程：

（1）硬件电路的原理图设计、元器件选择和检测、电路组装、调试及排故等（简称硬件设计）。

（2）软件程序设计编写、汇编编译、调试等（简称软件设计）。

（3）系统软件和硬件联合实际运行、检测等（简称软硬件联调）。

这种传统的开发过程，实施条件要求高，开发时耗较长，成本较高。在目前的单片机应用系统的开发中，广泛引入了大量优秀的仿真软件，以解决此问题。

二、基于 Keil 或 Proteus 的仿真开发

Keil 具有良好的程序设计界面和编辑、编译、调试功能，同时支持 C51、汇编等多种编程语言；Proteus 是一款集单片机和 SPICE 分析于一身的仿真软件，具有强大的单片机系统设计与仿真功能；两者结合可以作为单片机应用系统开发的一种新型手段。

单片机应用系统的设计与仿真流程，如图 2-21 所示。

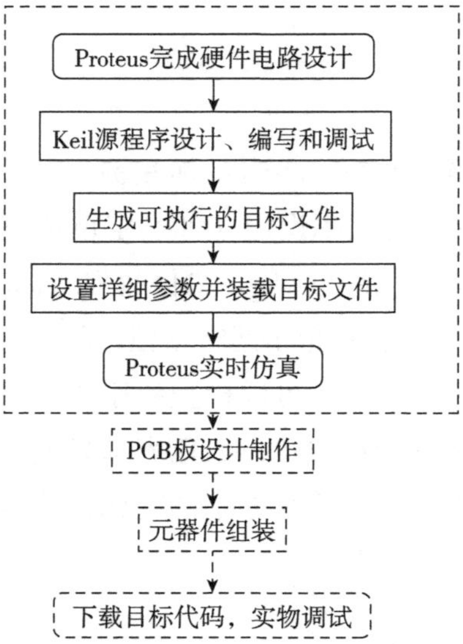

图 2-21　单片机应用系统设计流程图

三、设计与仿真实例

（一）任务和要求

利用 AT89C51 完成 8 路彩灯的循环控制。要求：当按下功能键 K0 时，8 只 LED 轮流点亮；当按下功能键 K1 时，8 只 LED 开花点亮。

（二）确定方案

（1）用 8 个 LED 模拟 8 路彩灯。

（2）用 2 个按键开关分别模拟功能键 K0 和 K1。

（3）选择 AT89C51 单片机为控制核心。

（4）使用软件完成功能键的识别和彩灯的控制。

（三）基于 Proteus 的硬件电路图设计

电路的核心是 AT89C51 单片机，单片机的 P1 口接 8 个发光二极管，二极管的负极接地。按键 K0 和 K1 接到单片机的 P3.2 和 P3.3 脚，另一端接地。如图 2-22 所示，系统硬件电路图可在 Proteus 主界面的编辑窗口中绘制。

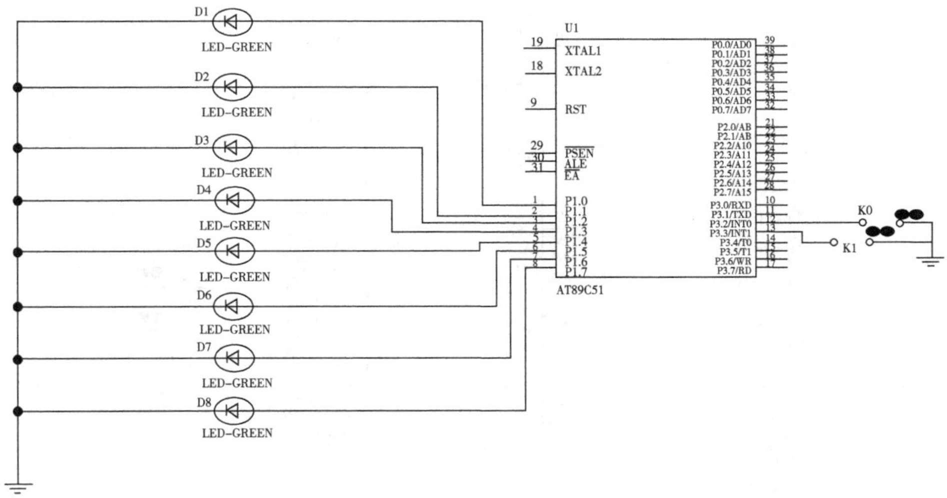

图 2-22 程控循环灯硬件电路

1. 所需元器件的选择和放置

单击对象选择器按钮 P，如图 2-23（a）所示。弹出“Pick Devices”界面，在“Keywords”栏中输入 AT89C51，系统在对象库中进行搜索查找，并将搜索结果显示在“Results”中，如图 2-23（b）所示。在“Results”栏中的列表项中，双击“AT89C51”，即可将“AT89C51”添加至对象选择器窗口。

接着在“Keywords”栏中重新输入 LED。双击“LED-GREEN”，则可将绿色的 LED 添加到对象选择器窗口。用同样的方法可以搜索出“SWITCH”，选择后即可将“SWITCH”添加到对象选择器窗口。

经过以上操作，在对象选择器窗口中，已有了 LED-GREEN、AT89C51、SWITCH 三个元器件对象。若单击 AT89C51，在预览窗口中可以看见 AT89C51 实物图，如图 2-24 所示。若单击 LED-GREEN 或 SWITCH，在预览窗口中可以看见 LED-GREEN 和 SWITCH 实物图。

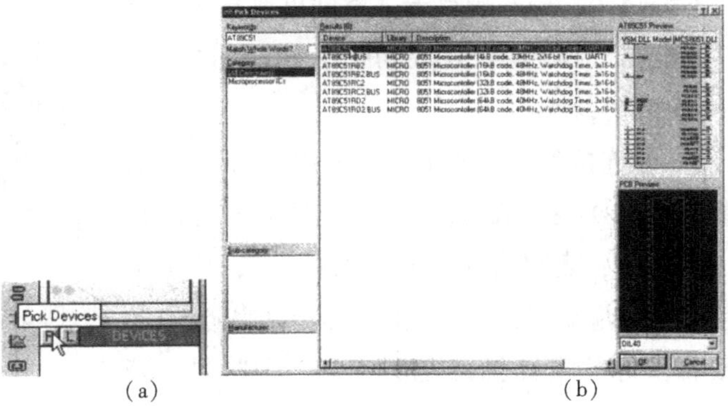

（a） （b）

图 2-23 选择元器件

（a）对象选择器按钮 P；（b）搜索结果

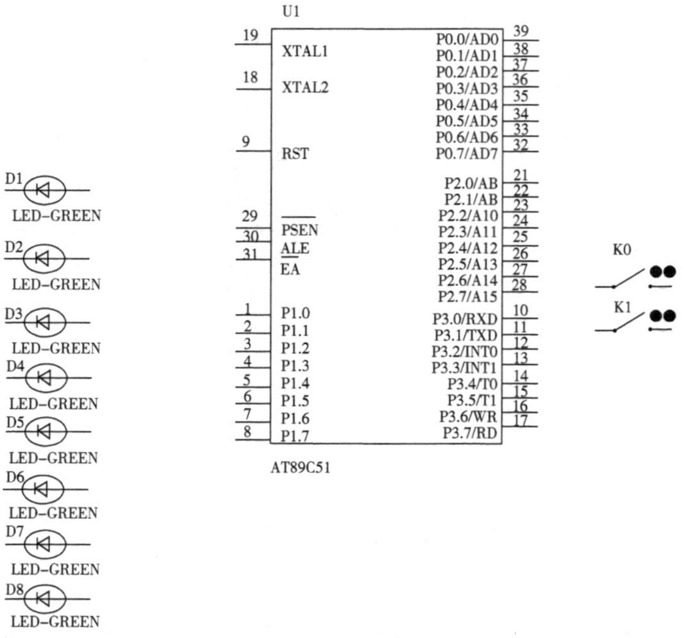

图 2-24　器件放置

在对象选择器窗口中，选中 LED-GREEN，将鼠标置于图形编辑窗口中准备放置该对象的位置，单击鼠标右键，完成该对象的放置。同理，将 AT89C51 和 SWITCH 放置到图形编辑窗口中。

2. 电源及接地符号的放置

Proteus 中许多器件上没有 Vcc 和 GND 引脚，其实它们是被隐藏了，在使用的时候可以不用加电源和接地。如果需要加电源和接地，可以点击左侧工具箱的接线端按钮，在对象选择器中将出现一些接线端，如图 2-25 所示。单击 GROUND 并将鼠标移到原理图编辑区，用左键点击一下即可放置接地符号；同理，也可以把电源符号 POWER 放到原理图编辑区。

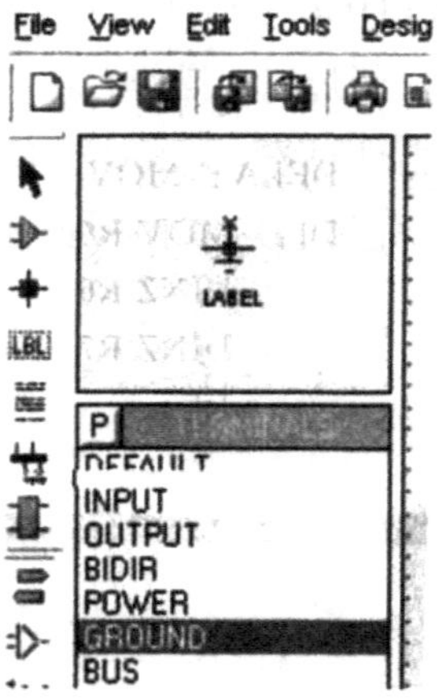

图 2-25　接线端显示

3. 元器件之间连线的绘制

例如，将 D1 的右端连接到单片机 P1 口的 P1.0 端。方法如下：当鼠标的指针靠近 D1 右端的连接点时，跟着鼠标的指针就会出现一个“□”号，表明找到了 D1 的连接点，单击鼠标左键，移动鼠标（不用拖动鼠标），将鼠标的指针靠近 P1.0 端的连接点时，跟着鼠标的指针就会出现一个“□”号，表明找到了的 P1.0 连接点，同时屏幕上出现了绿色虚线的连接，单击鼠标左键，虚线变成了实线，同时，线形由直线自动变成了 90°的折线，这是因为使用了线路自动路径功能。

Proteus 具有线路自动路径功能（简称 WAR），即选中两个连接点后，WAR 将选择一个合适的路径连线。自动路径功能可通过使用标准工具栏中的“WAR”命令按钮来关闭或打开，也可以在菜单栏的“Tools”下找到这个图标。至此，得到如图 2-22 所示的完整电路图。

（四）基于 Keil 的软件设计

双击 μVision 图标，启动 Keil 软件，进入主界面。

1. 建立工程文件

点击主界面菜单栏中“Project→New Project…”菜单，出现一个对话框，要求给将要建立的工程起一个名字，可以在编辑框中输入一个名字（如 XUNHUAN）。保存后，出现对话框，要求选择目标 CPU（即所用芯片的型号）。选择 Atmel 公司的 89C51 芯片，点击 Atmel 前面的“+”号展开；选择其中的 AT89C51，然后点击“确定”按钮，回到主界面。此时，在工程窗口的文件页中出现了“Target”。

2. 新建文件，输入源程序

在主界面菜单栏选择“File→New”，或者点击工具栏的新建文件按钮，即可在右侧打开一个新的文本编辑窗口，在该窗口中输入以下源程序：

· 汇编源程序

```
ORG 0000H
  MOV P1, #00H
  MOV P3, #0FFH
MAIN: MOV A, P3
      JB ACC.2, K1
      MOV R1, #8
      MOV A, #01H
K0: MOV P1, A
    CALL DELAY
    RR A
    DJNZ R1, K0
    SJMP MAIN
K1: JB ACC.3, MAIN
    MOV P1, #0FFH
    CALL DELAY
    SJMP MAIN
```

```
DELAY：MOV R7, #200
D1：MOV R6, #250
    DJNZ R6, $
    DJNZ R7, D1
    RET
    END
```

保存该文件，注意必须加上扩展名。汇编语言源程序一般用 . asm 为扩展名，C51 程序一般用 . c 为扩展名，这里假定将文件保存为 Test. asm。

在工程窗口的文件界面左侧窗口内，点击 "Target l" 前的 "+" 号展开，可以看见一个空的工程 "Source Group 1"，需手动将编写好的源程序加入。右键单击 "Source Group l"，出现一个下拉菜单，选中 "Add file to Group 'Source Group 1' "，出现源文件寻找对话框。注意：该对话框的 "文件类型" 默认为 C Source File（＊. c)，如文件的扩展名是 . asm，则需更改文件类型，选择 "Asm Source File（＊. a51，＊. asm）" 即可。在列表框中找到 Test. asm 文件，双击，将文件加入项目中。

注意：在文件加入项目后，该对话框并不消失，而是等待继续加入其他文件。初学者常会误认为操作没有成功而再次双击同一文件，这时会出现一个对话框，提示所选文件已在列表中，此时应点击 "确定"，返回前一对话框，然后点击 "Close"，即可返回主界面。返回后，点击 "Source Group l" 前的 "+" 号，会发现 XUNHUAN. asm 文件已在其中。双击文件名即可打开该源程序。

3. 工程详细设置

首先点击左边 Project 窗口的 Target 1，然后选择菜单 "Project→Option for Target 'Target 1' "，即出现工程设置对话框。由于本例所选单片机为 AT89C51，其主频率默认为 24. 0 MHz，故图中 Xtal 可更改为 12. 0。

在设置对话框 Output 选项卡中，选中 Creat Hex file 项（一般默认情况下该项未被选中)，可生成扩展名为 . hex 的可执行代码文件。

4. 编译、链接、装载

在如图 2-9 所示的工程界面中，选择菜单 Project→Build target，对当前工程文件进行自动编译、链接。如编译、链接无错误，会出现如图 2-26 所示的窗口；如有错误，在该窗口中会给出提示。

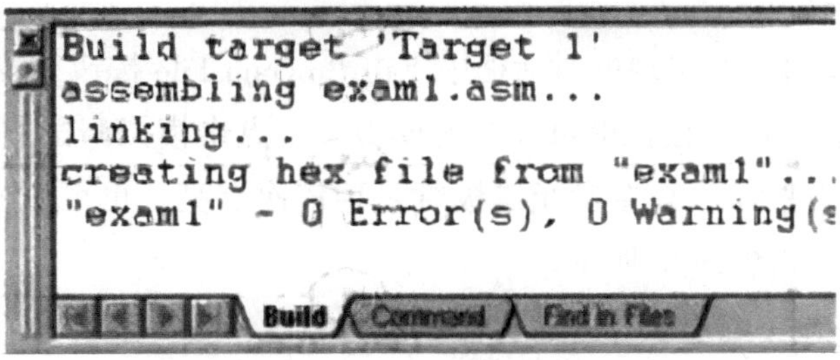

图 2-26 编译、链接提示窗口

(五) Keil 与 Proteus 连接调试

1. 程序导入 Proteus

电路连接完成后，选中 AT89C51，单击鼠标左键，打开“Edit Component”对话窗口，如图 2-27 所示，可以直接在“Clock Frequency”栏中进行频率设定，设定单片机的时钟频率为 12 MHz。在“Program File”栏中选择已经生成的 XUNHUAN. hex 文件，把编写的程序导入 Proteus，然后单击“OK”按钮保存设计。

也可以用软件自带编译器。方法如下：点击菜单栏“Source→Add/Remove Source Files”（添加或删除源程序），出现一个对话框，点击对话框的“NEW”按钮，在出现的对话框中找到文件 XUNHUAN. hex，双击打开；在“Code Generation Tool”的下面找到“ASEM51”，然后点击“OK”按钮，设置完毕。点击菜单栏的“Source”，在下拉菜单中点击“Build All”，编译结果的对话框就会出现。如果有错误，对话框会提示哪一行出现了问题。

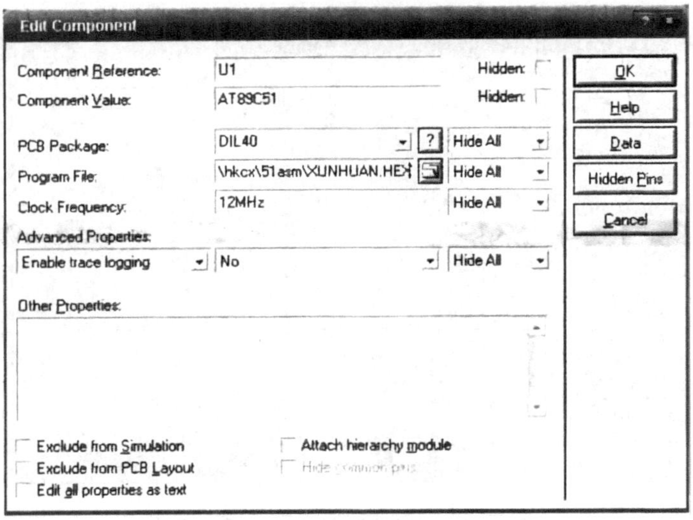

图 2-27 程序导入 Proteus

2. 模拟仿真调试

左键点击 AT89C51，在出现的对话框中点击 Program File 按钮，找到刚才编译得到的 hex 文件，然后点击“OK”按钮就可以进行模拟了。点击模拟调试按钮的运行按钮，进入调试状态。点击按键 K0，查看发光二极管是否依次点亮，也可试试按键 K1，查看发光二极管是否全亮，如图 2-28 所示。

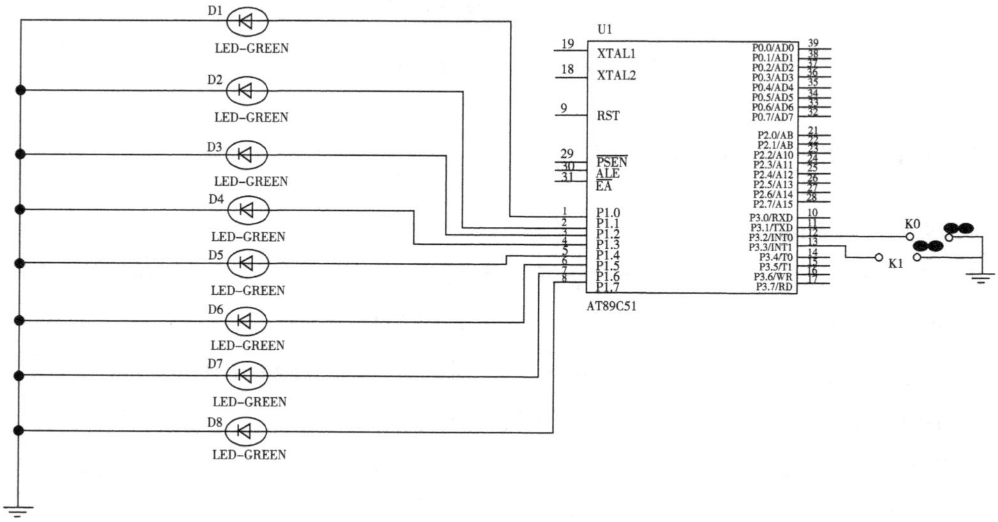

图 2-28　仿真结果

3. 外接实验箱或硬件模块

选择菜单 Project→Options for Target 或者点击工具栏的“Option for Target”按钮 ，弹出窗口，点击“Debug”按钮，出现如图 2-29 所示页面，进行必要的设置即可。

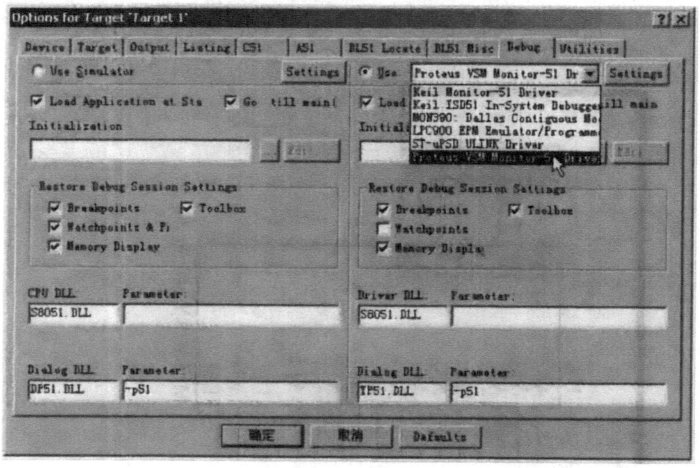

图 2-29　外接实验箱或硬件模块设置

四、虚拟仪器的使用

Proteus 提供了许多常用虚拟仪器，下面通过如图 2-30 所示实例，简单介绍一下虚拟仪器的使用。

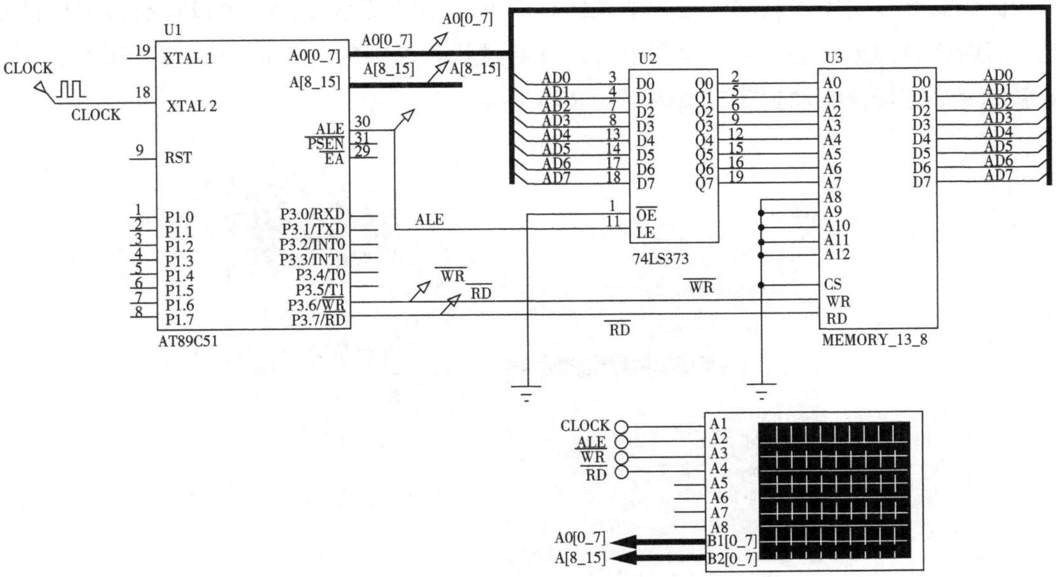

图 2-30 实例图

（一）添加电压探针

单击绘图工具栏中的电压探针按钮，在图形编辑窗口完成电压探针的添加，如图 2-31 所示。

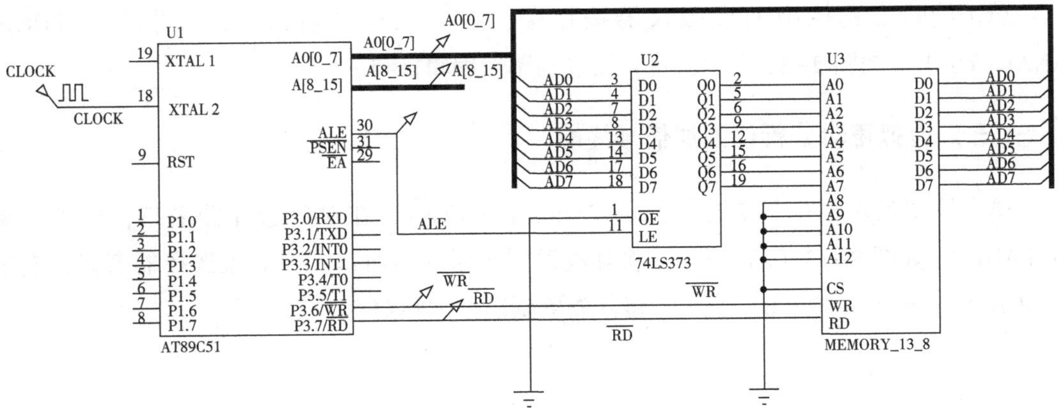

图 2-31 添加电压探针

电压探针的连接点与导线或者总线连接后，电压探针名自动更改为已标注的导线名、总线名，或者与该导线连接的设备引脚名。

（二）添加虚拟逻辑分析仪

在绘制图形的过程中，遇到复杂的图形时，通常一幅图很难准确地表达设计者的意图，往往需要多幅图来共同表达一个设计。Proteus ISIS 能够支持一个设计有多幅图的情况。前面所绘图形是装在第一幅图中的，可通过状态栏中的“Root sheet 1”得知。下面将虚拟逻辑分析仪添加到第二幅图（“Root sheet 2”）中。

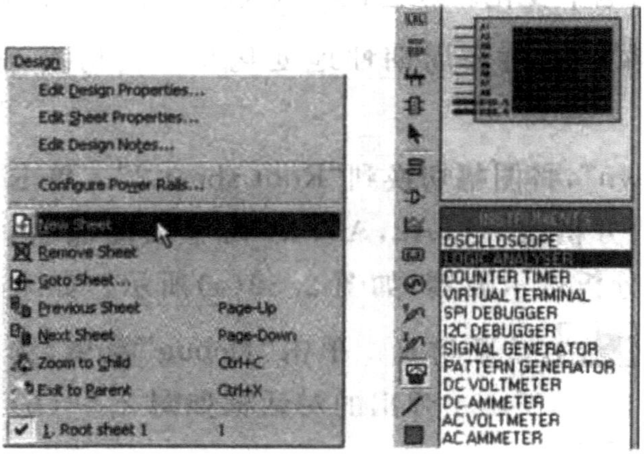

图 2-32　添加虚拟逻辑分析仪

单击“Design”菜单，选中其下拉菜单“New Sheet”，如图 2-32 所示（或者单击标准工具栏中的新建一幅图按钮）。此时，状态栏中显示为“Root sheet 2”，表明可以在第二幅图中绘制设计图。同时，在“Design”菜单中，有许多针对不同图幅的操作可供使用。比如：不同图幅之间的切换，可以使用快捷键“Page Down”或“Page Up”等。

单击绘画工具栏中的虚拟仪器按钮，在对象选择器窗口，选中对象 LOGIC ANAL-YSER，如图 2-32 所示，将其放置到图形编辑窗口。

（三）虚拟逻辑分析仪添加信号终端

单击绘图工具栏中的 Inter-sheet Terminal 按钮，在对象选择器窗口，选中对象 DEFAULT，如图 2-33（a）所示，将其放置到图形编辑窗口；在对象选择器窗口，选中对象 BUS，如图 2-33（b）所示，将其放置到图形编辑窗口。

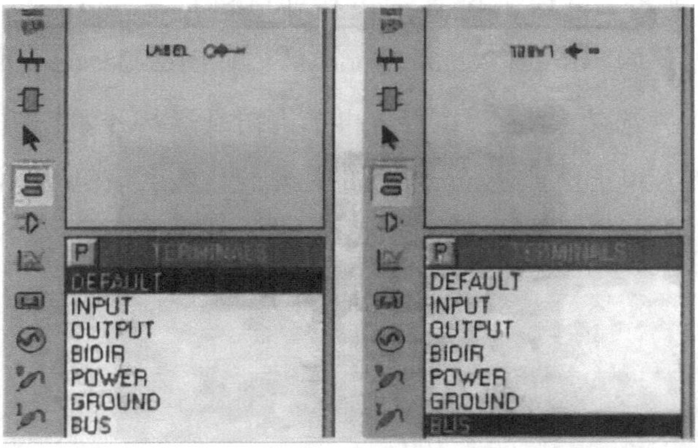

(a)　　　　　　(b)

图 2-33　虚拟逻辑分析仪添加信号终端

(四) 连接信号终端与虚拟逻辑分析仪

在图形编辑窗口，完成信号终端与虚拟逻辑分析仪的连线。单击绘图工具栏中的导线标签，在图形编辑窗口，完成导线或总线的标注，将标注名移动至合适位置，如图 2-34 所示。通过标注，完成第一幅图与第二幅图的衔接。至此，便完成了整个电路图的绘制。

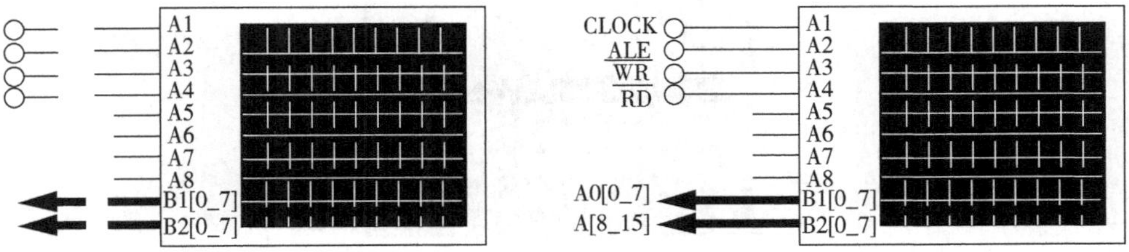

图 2-34　信号终端与虚拟逻辑分析仪连线并加标签

(五) 调试运行

使用快捷键“Page Down”，将图幅切换到“Root sheet 1”。单击仿真运行开始按钮，能清楚地观察到：①引脚的电平变化。红色代表高电平，蓝色代表低电平，灰色代表未接入信号，或者为三态。②电压探针的值在周期性地变化。单击仿真运行结束按钮，仿真结束。

使用快捷键“Page Down”，将图幅切换到“Root sheet 2”。单击仿真运行开始按钮，能清楚地观察到，虚拟逻辑分析仪 A1、A2、A3、A4 端代表高低电平的红色与蓝色交替闪烁。通常会同时弹出虚拟逻辑分析仪示波器，如图 2-35 (a) 所示。如未弹出虚拟逻辑分析仪示波器，可单击仿真结束按钮，结束仿真。单击“Debug”菜单，选中并执行下拉菜单“Reset Popup Windows”，如图 2-35（c）所示。弹出的对话框如图 2-35（b）所示，选择“Yes”执行。再单击仿真运行开始按钮，便会弹出虚拟逻辑分析仪示波器。单击虚拟逻辑分析仪的启动键，在虚拟逻辑分析仪上出现如图 2-36 所示的波形图及读/写存储器的时序图。

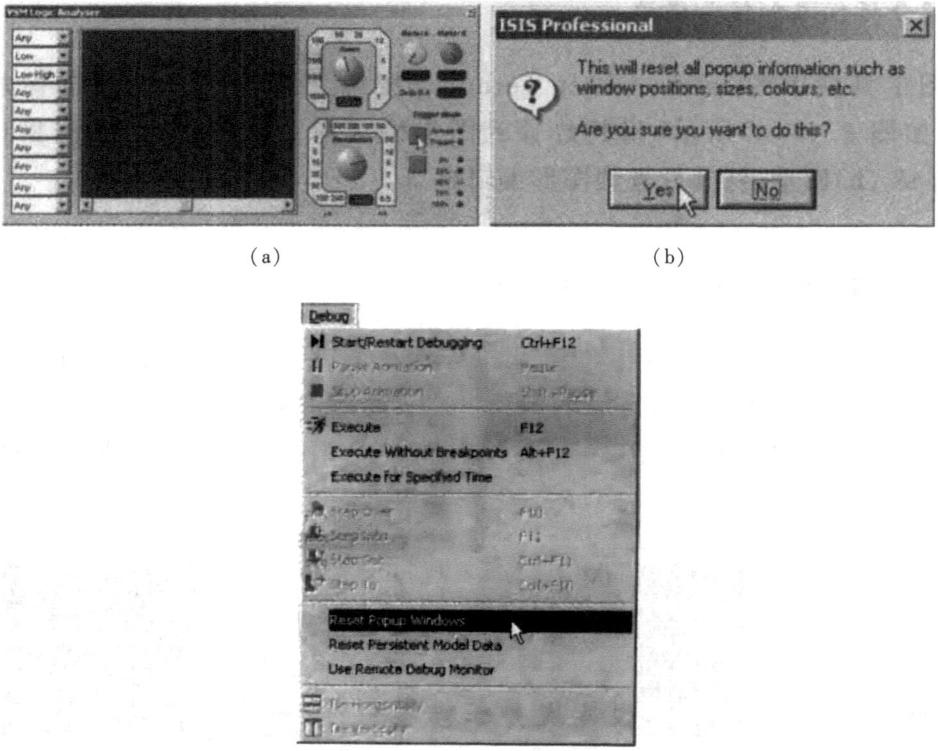

（a）　（b）

（c）

图 2-35　调试运行

（a）虚拟逻辑分析仪器示波器；（b）对话框；（c）“Debug”菜单

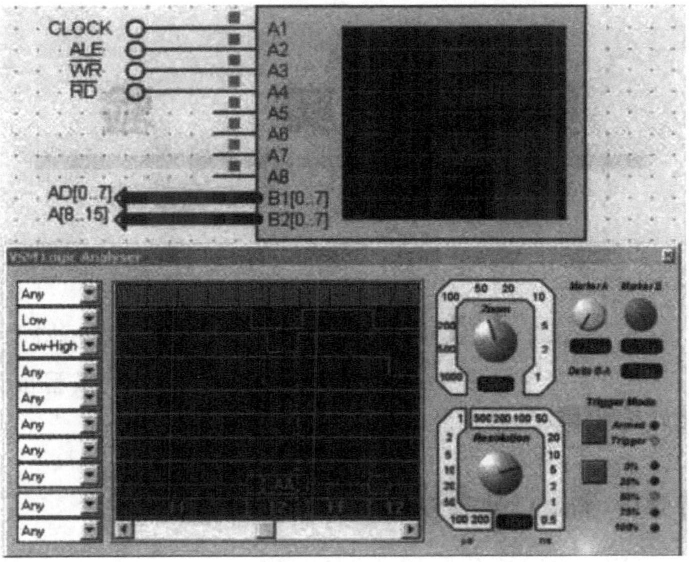

图 2-36 虚拟逻辑分析仪示波器测试结果

第三章
单片机接口技术实验

单片机其实可以看成一个微型处理器，只有在外设与软件互相协调时，才能发挥重要的作用，而调试在这个过程中起着举足轻重的作用，软件调试目前使用最多的就是 Keil C51 软件。

第一节　内部资源功能类实验

一、P1 端口输入输出实验

（一）实验说明

P1 端口是一个准双向端口，外接 8 个发光二极管（见发光二极管显示区），连续运行程序使发光二极管右循环点亮。

（二）仿真器设置

仿真模式设置：8752 模式。

仿真存储器模式选择：内程序存储器，外数据存储器。

（三）实验连线

将实验仪“仿真主机部件”区的插孔 P1.0~P1.7 与“LED 显示”区的插孔 L8~L1 相连。①

（四）实验程序

（1）汇编程序 P1. asm

```
        ORG     0000H
```

① 申忠如，张倩，申淼．单片机实验及实训教程［M］．西安：西安交通大学出版社，2015.

```
            AJMP      RIGHT
            ORG       0030H
RIGHT:      MOV       R0,#08H
            MOV       A,#OFFH
            CLR       C
RIGHT1:     RRC       A
            MOV       P1,A
            CALL      DELAY
            DJNZ      RO,RIGHT1

            AJMP      RIGHT
            /* 延时子程序 */
DELAY:      MOV       R5,#10
DELAY1:     MOV       R6,#50
DELAY2:     MOV       R7,#250
            DJNZ      R7,$
            DJNZ      R6,DELAY2
            DJNZ      R5,DELAY1
            RET
            END
```

(2) C 语言程序 P1. c

```
#include <reg51. h>
#define uchar unsigned char
#define uint unsigned int
uchar rrc(uchar a,n);
uchar rrc(uchar a,n);             //循环右移子程序
{
    uchar b,C;
    b=a<<(8-n);
    c=a>>n;
    a=c|b;
    return(a);
}
```

```
void main( )
{
    uchar i, temp;
    uint j;
    ;P1=0xff;
loop:
    temp=0x7f;
    for(i=0;i<8;i++)
    {P1=rrc(temp,i);
    for(j=0;j<30000;j++);} //延时
    goto loop;}
```

二、外部中断实验

（一）实验说明

两中断服务程序入口地址只相距 8 个字节，而一般服务程序长度会超过 8 个字节，为了避免和下一个中断地址相冲突，常用一条跳转指令，将程序转移到另外的某一区间。

由于中断服务程序要使用相关的寄存器，因此 CPU 在中断之前要保护此寄存器的内容，即保护现场，而在中断返回时又要使它们恢复原值，即恢复现场。

本实验在无中断时（K01 为高电平）发光二极管常亮，有外部中断时（K01 为低电平）左移。

（二）仿真器设置

仿真模式设置：8752 模式。

仿真存储器模式选择：内程序存储器，外数据存储器。

（三）实验连线

P1 口接发光二极管，外部中断 INTO（P3. 2）接拨动开关 K01。

（四）实验程序

（1）汇编程序

```
        ORG     0000H
        AJMP    MAIN
```

```
            ORG     0003H
            AJMP    IINTO
            ORG     0030H
            MAIN:   MOVI   E,#10000001B      ;允许中断
            CLR     ITO                      ;IT=01 低电平触发方式
LOOP:       MOV     P1,# 00H
            AJMP    LOOP
IINTO:      MOV     R0,#08H                  ;中断服务程序
            MOV     A.#OFFH
            CLR     C
IINT01:     RLC     A
            MOV     P1,A
            CALL    DELAY
            DJNZ    RO,IINTO1
            RETI
            /* 延时子程序 * /
DELAY:      MOV     R5,#10.
DELAY1:     MOV     R6,# 50
DELAY2:     MOV     R7,# 250
            DJNZ    R7, $
            DJNZ    R6,DELAY2
            DJNZ    R5,DELAY1
            RET
            END
```

(2) C 语言程序

```
# include < reg51.h>
# define uchar unsigned char
# define uint unsigned int
void main ( )
    {IE = 0x81;          //允许中断
    ITO = 0;             //边沿方式
loop:
    P1 = 0x00;           //全亮
```

```
    goto loop;}
/* 中断服务子程序 * /
void iint0( ) interrupt 0 using 0
{
    uchar b,c.i. temp;
    uint j;
    temp = 0x7f;
    for(i = 0;i<8;i+ + )     //右移一位
      {b = temp<<(8- i);
      C = temp>>i;
      P1 = c |b;
      for(j = 0;j<30000;j+ + );}
    for(j = 0;j<30000;j + + );
    P1 = 0x00;
```

三、定时器/计数器实验

(一) 实验说明

使用单片机定时器 T0，工作于方式 2，产生定时中断，使 P1.0 端产生周期性的矩形波。①

(二) 仿真器设置

仿真模式设置：8052 模式。
仿真存储器模式选择：内程序存储器，外数据存储器。

(三) 实验连线

P1.0 端接 LED 显示区的 L1 端。

(四) 实验程序

(1) 汇编程序

```
            ORG        0000H
```

① 申忠如，张倩，申淼．单片机实验及实训教程［M］．西安：西安交通大学出版社，2015.

```
            AJMP    MN              ;转主程序
            ORG     000BH           ;T0 中断服务程序
            CPL     P1.0            ;P1.0 取反
            RETI
MN:         MOV     SP,#53H
            MOV     TMOD,#02H       ;T0 初始化
            MOV     TLO,#06H
            MOV     THO,#06H
            SETB    TRO             ;启动 T0 计数
            SETB    ETO             ;允许 T0 中断
            SETB    EA              ;CPU 开中断
            SJMP    $
```

(2) C 语言程序

```
#include<reg51.h>
unsigned char tmp = 0x01;
int main( )
{
/*初始化 T0 */
SP = 0X53;
TMOD = 0X02;
TLO = 0X06;
THO = 0X06;
/* 初始化中断寄存器 * /
ETO = 1;
/*开定时器 */
TRO = 1;
EA = 1;
While(1);
Return;
}
/*定时器 T0 中断服务程序 */
void timer0( ) interrrupt1
{p1.0 = ~p1.0;}
```

第二节　典型接口拓展类实验

一、串并转换实验

（一）实验说明

串口方式 0 为移位寄存器方式，用于 I/O 口的扩展，LS164 实现串并转换，00～99 循环显示。串口方式 0 为移位寄存方式，数据由 P3.0 端输入，同步移位脉冲由 P3.1 输出，发送的 8 位数据低位在前。

利用单片机的串行接口方式 0 扩展并行输入输出口，在 LED 上循环显示 00～99。串行/并行转换芯片 LS164 的功能表如表 3-1 所示。

表 3-1　串行/并行转换芯片 LS164 的功能表

Inputs				Outputs			
Clear	Clock	A	B	Q_A	Q_B	…	Q_H
L	X	X	X	L	L		L
H	L	X	X	Q_{AO}	Q_{DO}		Q_{HO}
H	上升沿	H	H	H	Q_{An}		Q_{Gn}
H	上升沿	L	X	L	Q_{An}		Q_{Gn}
H	上升沿	X	L	L	Q_{An}		Q_{Gn}

（二）仿真器设置

仿真模式设置：8752 模式。

仿真存储器模式选择：内程序存储器，外数据存储器。

（三）实验连线

将串并转换模块的数据输入端 DIN 连接到单片机的 P3.0；CLK 接 P3.1。

（四）实验程序

（1）汇编程序

```
        ORG     0000H
        AJMP    MAIN
```

```
            /* 主程序 */
            ORG     0030H
MAIN:       MOV     SP,#60H
            MOV     R2,#00H                 ;十位
            MOV     R1,#00H.                ;个位
MAIN1:      MOV     A,R1
            MOV     DPTR,#SGTB1
            MOVC    A,@A+DPTR               ;取字符
            MOV     SBUF,A                  ;发送字符
            MOV     A,SBUF
            JNB     TI,$                    ;等待串口发送完
            CLR     TI
            MOV     A,R2
            MOVC    A,@A+DPTR
            MOV     SBUF,A
            JNB     TI,$
            CLR     TI
            CALL    DELAY
            CALL    DELAY
            CALL    DELAY
            CJNE    R1,#9,MAIN2
            MOV     R1,#00H
            INC     R2
            CJNE    R2,#10,MAIN3
            AJMP    MAIN
MAIN2:      INC     R1
MAIN3:      AJMP    MAIN1                   ;继续发送
            /* 延时子程序 */
DELAY:      MOV     R6,#250                 ;延时
DELAY1:     MOV     R7,#250
            DJNZ    R7,$
            DJNZ    R6,DELAY1
            RET
```

```
            /＊字符编码＊ /
SGTB1:      DB      03H             ;0
            DB      9FH             ;1
            DB      25H             ;2
            DB      0DH             ;3
            DB      99H             ;4
            DB      49H             ;5
            DB      41H             ;6
            DB      1FH             ;7
            DB      01H             ;8
            DB      09H             ;9
            END
```

(2) C语言程序

```
#include <reg51.h>
#include <stdio.h>
typedef unsigned char BYTE;
BYTE i;                    //显示的十位数
BYTE j;                    //显示的个位数
BYTE dis_code[10] = {0x03,0x9F,0x25,0x0D,0x99,0x49,0x41,0x1F,
0x01,0x09};
        //0   1   2   3   4   5   6   7   8   9
void main( )
{
  char time = 0xFFFF,count = 0x00FF;          //延时常数
  SCON = 0X00;
  do
  {
    for (i = 0;i<10;i++)
    {
      for(j = 0;j<10;j++)
      {
        SBUF = dis_code[i];                   //发送字符个位
        while(TI == 0);TI = 0;
```

```
            SBUF = dis_code[i];                    //发送字符十位
            while(TI = = 0);TI = 0;                //是否发送完
            do
            {
              while(time- -);
            }
            while( count- -);

          }
        }
      }
    while(1);
  }
```

二、单片机与 PC 机通信实验

（一）实验说明

实验 A：发送 0~9 在 PC 机上显示。先使 PC 机的终端与单片机的串口处于连接状态，然后连续运行程序，观察终端窗口接收到的数据。

实验 B：从 PC 机键盘上输入数据在单片机的 LED 上显示。先使 PC 机的终端与单片机的串口处于连接状态，然后连续运行程序，在终端窗口输入 0~F，观察单片机 LED 上显示的数据。

（二）仿真器设置

仿真模式设置：8052 模式。

仿真存储器模式选择：内程序存储器，外数据存储器。

（三）实验连线

①单片机通过串口线与 PC 机相连，串口旁边的短路块 SW1 短路在 RS232 上。

②RxD 与单片机的 P3.0 相连，TxD 与单片机的 P3.1 相连。

③串并转换实验区的 DIN 与 P1.0 相连，CLK 与 P1.1 相连。

（四）计算机设定及以上

适用于 Windows XP 操作系统。

①在做单片机发送实验时，为了方便观察从单片机接收到的结果，进入 Windows 附件→通信→超级终端。如果是第一次进入，则在“位置信息”对话框中选“取消”，在“确认取消”对话框中选“是”，在弹出的对话框中选“是”，进入终端界面，任取名称后确认。在“连接时使用”下拉框中选择所使用的 COM 口，波特率设置为 4800 b/s，数据位 8 位，奇偶校验位无，停止位 1 位，流量控制无。等待接收数据。

②在做单片机接收实验时，在第一个实验的基础上加以下设定：在文件→属性→设置→ASCII 码设置“本地回显键入的字符”选项前打钩。

（五）实验程序

1. 实验 A

（1）汇编程序

```
            ORG     0000H
            AJMP    START
            ORG     0030H
START:      MOV     SP,#60H
            MOV     SCON,#01010000B     ;设定串口 MODE1
            MOV     TMOD,#20H           ;设定计时器 1 为模式 2
            ORL     PCON,#10000000B     ;SMOD = 1,波特率加倍
            MOV     TH1,#0F4H           ;设定波特率为 4800 b/s
            MOV     TL1,#0F4H
            SETB    TR1                 ;启动定时器
AGAIN1:     MOV     A,#30H              ;发送 0
AGAIN:      MOV     SBUF,A
            JNB     TI, $
            CLR     TI
            INC     A
            CJNE    A,#3AH,AGAIN        ;>9 转
            AJMP    AGAIN1
            END
```

(2) C 语言程序

```
# include <reg51. h>
# define uchar unsigned char
void main( )
{    uchar temp;
     SCON = 0x50;        //设定串口 MODE1
     TMOD = 0x20;        //设定计时器 1 为模式 2
     PCON = 0x80;        //SMOD = 1,波特率加倍
     TH1 = 0xf4;         //设定波特率为 4800 b/s
     TL1 = 0xf4;
     TR1 = 1;            //启动定时器
start:
     temp = 0x30;
loop:
     SBUF = temp;        //发送
while(TI = = 0);         //完否
     TI = 0;
     temp+ +;
     if(temp! = 0x3a)goto loop;
     goto start;
}
```

2. 实验 B

(1) 汇编程序

```
DATAIN      BIT P1.0
DCLK        BIT P1. 1
            ORG     0000H
            AJMP    START
            ORG     0030H
START:      MOV     SP,# 50H            ;设定堆栈区
            MOV     SCON,# 01010000B    ;设定串口 MODE1
            MOV     TMOD,# 20H          ;设定计时器 1 为模式 2
            ORL,    PCON,# 10000000B    ;SMOD= 1,波特率加倍
```

```
            MOV     TH1,#0F4H               ;设定波特率
            MOV     TL1.#0F4H
            SETB    TR1
AGAIN:      JNB,    RI,$
            CLR     RI
            MOV     A,SBUF
            CALL    DISP
            AJMP    AGAIN
DISP:       CJNE    A.#40H,DISP1
DISP1:      JNC     ZF
            CLR     C
            SUBB    A,#30H
            AJMP    DISP3
ZF:         CLR     C
            SUBB    A.#37H
DISP3:      MOV     DPTR.#SGTB1
            MOVC    A,@A + DPTR             ;取字符
            MOV     R1,A
            CALL    SEND                    ;发送字符
            MOV     A,R1
            CALL    SEND
;           CALL    DELAY
            CALL    DELAY
            CALL    DELAY
            RET
            /*显示子程序*/
SEND:       MOV     RO,#8                   ;发送8位
SEND1:      CLR     DCLK
            RLC     A
            MOV     DATAIN,C
            SETB    DCLK
            NOP
            DJNZ    RO,SEND1
```

```
            SETB    DATAIN
            RET
            /* 延时子程序 */
DELAY:      MOV     R6,#250              ;延时
DELAY1:     MOV     R7,#250
            DJNZ    R7. $
            DJNZ    R6,DELAY1
            RET
            /* 字符编码 */
SGTB1:      DB      0COH                 ;0
            DB      0F9H                 ;1
            DB      0A4H                 ;2
            DB      0BOH                 ;3
            DB      99H                  ;4
            DB      92H                  ;5
            DB      82H                  ;6
            DB      0F8H                 ;7
            DB      80H                  ;8
            DB      90H                  ;9
            DB      88H                  ;A
            DB      83H                  ;B
            DB      0C6H                 ;C
            DB      0A1H                 ;D
            DB      86H                  ;E
            DB      8EH                  ;F
            DB      00H
            END
```

(2) C 语言程序

```
# include <reg51. h>
# define uchar unsigned char
# define uint unsigned int
uchar code sgtb[ ] ={0xc0,0xf9,0xa4,0xb0,0x99,0x92,0x82,0xf8,0x80,
                    0x90,0x88,0x83,0xc6,0xa1,0x86,0x8e,0x00};
```

```
sbit DATAIN= P1^0;
sbit DCLK= P1^1;
void disp(uchar data_out);
void send( uchar data_out);
void delay(uint m);
/ * 显示子程序 * /
void disp(uchar data_out)
{  uchar k;
   if(data_out> 0x40)
   k= data_out - 0x37;
   else
   k = data_out 一 0x30;
   data_out = sgtb[k];
   send(data_out);
   send(data_out);
}
void send(uchar data_out)
{  uchar i,temp= data_out;
   for(i=0;i<8;i+ + )
   {  DCLK= 0;
     if((temp< < i&0x80)= = 0x80)
     DATAIN= 1;
     else
     DATAIN= 0;
     DCLK= 1;
   }
   DATAIN= 1;
}
/* 延时子程序 * /
void delay(uint m)
{  uint i;
   for(i=0;i<m;i+ + );
}
```

```
void main( )
{  uchar data_out;
   SCON = 0x50;          //设定串口 MODE1
   TMOD= 0x20;           //设定计时器 1 为模式 2
   PCON=0x80;            //SMOD= 1,波特率加倍
   TH1 = 0xf4;           //设定波特率为 4800 b/s
   TL1 = 0xf4;
   TR1 = 1;
loop:
   while(RI= = 0);       //接收完否
   RI= 0;
   data_out = SBUF;      //保存接收到的数据
   disp(data_out);       //显示
   delay(50000);         //延时
   goto loop;
}
```

三、扩展外部数据储存器实验

（一）实验说明

编写简单的程序，对实验板上提供的外部存储器（62256）进行读写操作，连续运行程序，数码管上显示 99。

（二）仿真器设置

仿真模式设置：8052 模式。

仿真存储器模式选择：内程序存储器，外数据存储器。

（三）实验连线

SWR 与 P3.6 相连，SRD 与 P3.7 相连，串并转换电路的 DIN 与 P3.0 相连，CLK 与 P3.1 相连，数据线与仿真单片机的数据线相连，地址高 8 位、低 8 位分别与单片机地址线相连。

（四）实验程序

（1）汇编程序（62256. asm）

程序功能：把数据写入指定的地址中，然后从该地址取出数据送 LED 显示。

```
RAMDATA       XDATA    99H              ;宏定义
RAMADDRESS XDATA 6000H
              ORG      0000H
              AJMP     MAIN
              ORG      0030H
              MAIN:    CALL  W_RAM      ;把数据存入指定的地址中
              CALL     R_RAM            ;从指定的地址中读出数据
              MOV      RO,A
              CALL     DISP             ;LED 显示子程序
              CALL     DELAY
              CALL     DELAY
              AJMP     MAIN
              /* 写 RAM 子程序 * /
W_RAM:        MOV      DPTR,# RAMADDRESS  ;把数据存入指定的地址中
              MOV      A,# RAMDATA
W_RAM1:       MOVX     @ DPTR,A .
              RET
              /* 读 RAM 子程序 * /

R_RAM:        MOV      DPTR,# RAMADDRESS
R_RAM1:       MOVX     A,@  DPTR        ;从指定的地址中读出数据
              RET
              /* LED 显示子程序 * /
DISP:         MOV      A.RO             ;低位
              ANL      A,# 0FH
              ACALL    DSEND            ;显示
              MOV      A,RO
              SWAP     A
              ANL      A,# OFH          ;高位
```

```
            ACALL   DSEND               ;显示
            RET

DSEND:      MOV     DPTR,# SGTB1
            MOVC    A,@ A + DPTR        ;取字符
            MOV     SBUF,A              ;发送字符
            JNB     TI, $               ;等待串口发送完
            CLR     TI
            RET
            /* 延时子程序 * /
DELAY:      MOV     R6,# 250            ;延时
DELAY1:     MOV     R7,# 250
            DJNZ    R7, $
            DJNZ    R6,DELAY1
            RET
            /* 字符编码 * /
SGTB1:      DB      03H                 ;0
            DB      9FH                 ;1
            DB      25H                 ;2
            DB      ODH                 ;3
            DB      99H                 ;4
            DB      49H                 ;5
            DB      41H                 ;6
            DB      1FH                 ;7
            DB      01H                 ;8
            DB      09H                 ;9
            DB      11H                 ;A
            DB      0C1H                ;B
            DB      63H                 ;C
            DB      85H                 ;D
            DB      61H                 ;E
            DB      71H                 ;F
            DB      00H
```

```
            END
```

(2) C 语言程序

```
#include <reg51.h>
#include <absacc. h>
#define BYTE unsigned char
#define WORD unsigned int
#define  RAMADDR XBYTE[ 0x6000 ]
BYTE code  RAMDATA = 0x99;
BYTE code  dis_code[10] = {0x03,0x9F,0x25,0x0D,0x99,0x49,0x41,0x1F,
                          0x01, 0x09, 0x11, 0xc1, 0x63, 0x85, 0x61, 0x71,
                          0x00};
                          // 0  1  2  3  4  5  7  8  9
                          // A  B  C  D  E  F
void w_ram( );
BYTE r_ram();
void disp(BYTE dat);
void dsend(BYTE dat);
/* 写 RAM 子程序 * /
void W_ram( )
{
    RAMADDR = RAMDATA;
}
/* 读 RAM 子程序 * /
BYTE r_ram()
{   BYTE dat;
    dat = RAMADDR;
    return(dat);
}
/* LED 显示子程序 * /
void disp( BYTE dat)
{
    BYTE dat1;
    dat1 = dat&0x0f;
```

```
    dsend(dat1);
    dat1 = dat>> 4;
    dsend( dat1);
}
void dsend(BYTE dat)
{
    BYTE j,f;
    j = dat;
    f =dis_code[j];
    SBUF = f;
    while(TI= =0);TI= 0;
}
void main(void)
{do
    {
        BYTE dat,i;
        w_ram();                         //把数据存入指定的地址中
        dat= r_ram();                    //从指定的地址中读出数据
        disp(dat);                       //显示
        for(i=0;i<10000;i+ + );
    }
    while(1);
}
```

四、A/D 转换实验

如图 3-1 中，ADC0809 的数据输出端与主单片机 P0 口连接。参考电压 VREF（+）=5 V，VREF（-）=0 V，已接好。插孔 IN0~IN7 为 8 路模拟信号输入端，可使用手动高低电平输出区的电位器分压输出作为 A/D 的输入信号。由于 ADC0809 内部没有时钟电路，需要外部提供时钟信号送入 CLK 端（一般输入频率不超过 1280 kHz），通常用 ALE 经分频电路区分频后供给。CS 为选通信号，低电平有效。EOC 为 A/D 转换结束标志信号输出端，EOC 为高电平时，表示转换结束，在 MCS-51 中，此信号经反向可作为 CPU 中断信号。A/D 转换也可以用查询和等待方式。

这部分内容的学习应该力求掌握设计原理，并与教科书中的内容进行比较，深化电路原理的学习，提高调试技术。

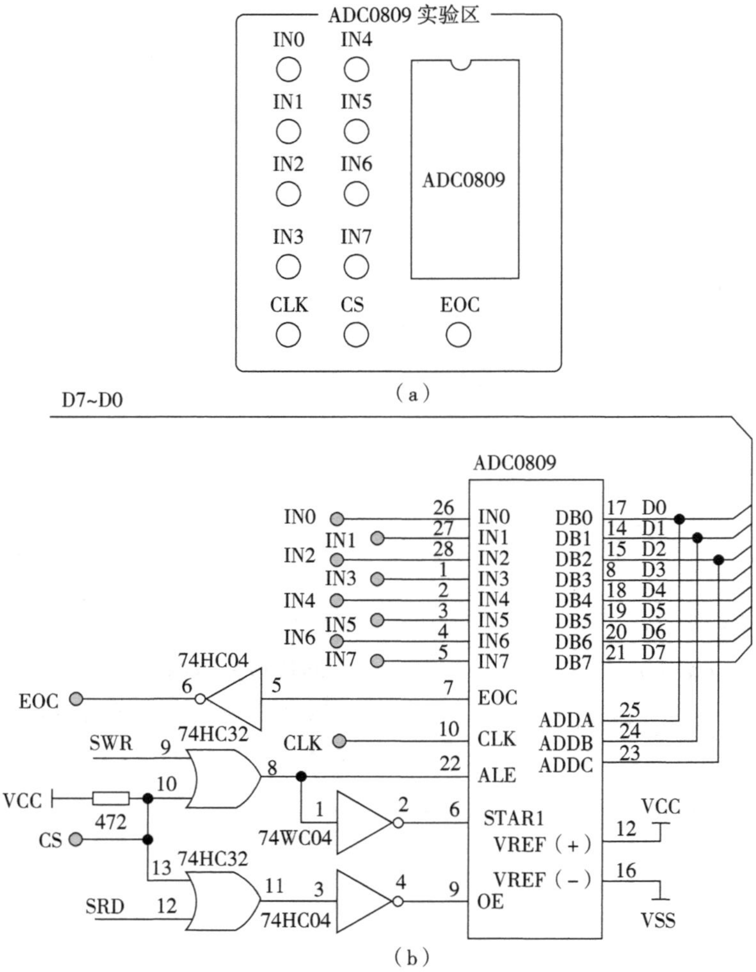

图 3-1　ADC0809 实验区的布局与原理图

（一）实验目的

了解 A/D 转换器与单片机的接口方法，掌握 ADC0809 转换器的工作原理及编程方法。

（二）仿真器设置

仿真模式设置：8052 模式。

仿真存储器模式选择：内程序存储器，外数据存储器。

(三) 实验连线

本实验模拟输入信号通过插孔 IN0 输入；EOC 为高电平时表示转换结束，经反向可作为 CPU 中断信号。

(四) 实验程序

(1) 汇编程序 (0809. asm)

```
            AD0809      XDATA   8000H
            ORG         0000H
            AJMP        MAIN
            /＊采用查寻方式 A/D 转换程序＊ /
            ORG         0030H
MAIN:       MOV         DPTR,#AD0809
            MOV         A,#00H
            MOVX        @DPTR,A             ;启动 A/D 转换
            CALL        DELAY               ;延时
            MOVX        A,@DPTR             ;转换结束,读取结果
            MOV         RO,A
            CALL        DISP
            CALL        DELAY
            CALL        DELAY
            CALL        DELAY
            AJMP        MAIN
            /＊显示子程序＊ /
DISP:       MOV         A,RO                ;低位显示
            ANL         A,#OFH
            ACALL       DSEND
            MOV         A,RO
            SWAP        A
            ANL         A,#OFH              ;高位显示
            ACALL       DSEND
            RET
```

```
DSEND:      MOV     DPTR,# SGTB1
            MOVC    A,@ A + DPTR        ;取字符
            MOV     SBUF,A              ;发送字符
            JNB     TI, $               ;等待串口发送完
            CLR     TI
            RET
            /* 延时程序 * /
DELAY:      MOV     R4,# 250            ;延时
DELAY1:     MOV     R5,# 250
            DJNZ    R5, $
            DJNZ    R4,DELAY1
            RET
            /* 字符编码 * /
SGTB1:      DB      03H                 ;0
            DB      9FH                 ;1
            DB      25H                 ;2
            DB      ODH                 ;3
            DB      99H                 ;4
            DB      49H                 ;5
            DB      41H                 ;6
            DB      1FH                 ;7
            DB      01H                 ;8
            DB      09H                 ;9
            DB      11H                 ;A
            DB      0C1H                ;B
            DB      63H                 ;C
            DB      85H                 ;D
            DB      61H                 ;E
            DB      71H                 ;F
            DB      00H
            END
```

(2) C 语言程序

```
# include <reg51. h>
```

```
# include <absacc. h>
# define BYTE unsigned char
# define WORD unsigned int
# define AD0809 XBYTE[0X8000]
BYTEcodedis_code[ ] = {0x03,0x9f,0x25,0x0d,0x99,0x49,0x41,0x1f,
                      0x01,0x09,0x11,0xc1,0x63,0x85,0x61,0x71,
                      0x00}; /* 字符编码 * /
void disp(BYTE dat);
void dsend( BYTE dat);
/* 显示子程序 * /
void disp(BYTE dat)
{
    BYTE temp= dat;
    dat = temp&0x0f;
    dsend(dat);
    dat = temp>>4;
    dsend(dat);
}
void dsend( BYTE dat)
{
    BYTE i = dat;
    SBUF =dis_code[i];
    while (TI= =0);TI=0;
}
/* 采用查寻方式 A/D 转换程序 * /
void main(void)
{
    BYTEdat;
    WORD j;
    do
    {
        AD0809 = 0x00;  //通道 0
        for(j=0;j<200;j+ + );
```

```
        dat = AD0809;//启动 A/D 转换
        disp(dat);   //显示转换结果
        for(j= 0;j<5000;j+ + );
    }
    while(1);
}
```

五、D/A 转换实验

DAC0832 实验区的布局与原理图如图 3-2 所示。

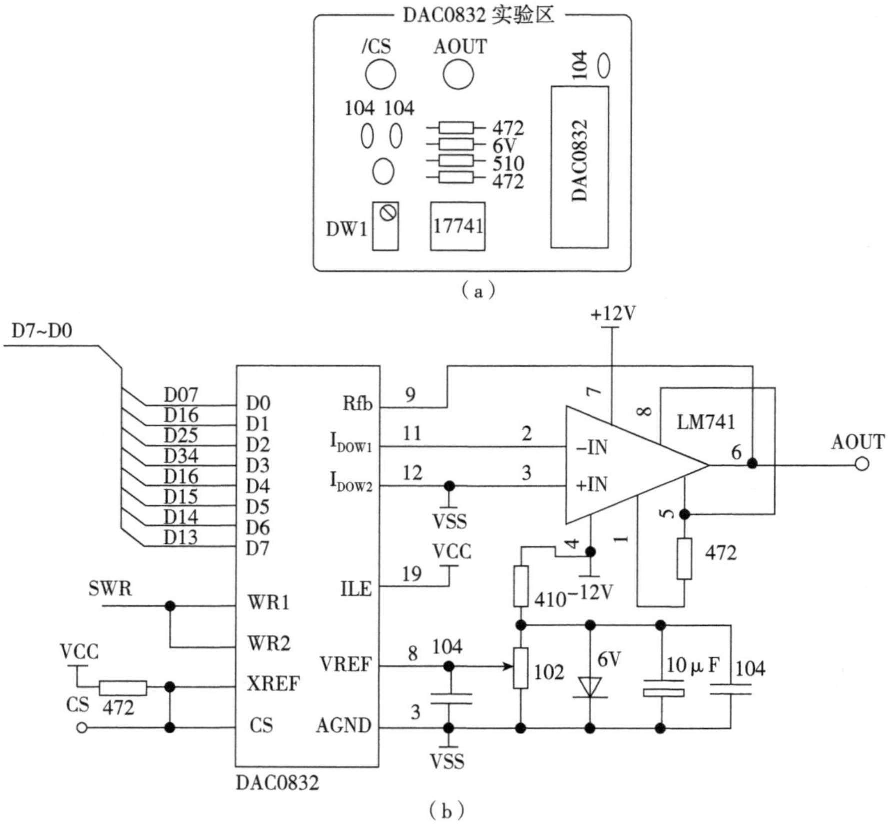

图 3-2　DAC0832 实验区的布局与原理图

如图 3-2 中，DAC0832 的数据输入端已与主单片机 P0 口连接。外接运算放大器的 ±12 V 已经接好，正电源 VCC=5 V，负电源 VSS=-5 V，实时输出为双极性；单输出时 VSS 应接地。当参考电压 VREF=-6 V 时为正极性输出，反之为负极性输出。插孔 AOUT 为电压信号输出端。/CS 为片选信号，低电平有效。电位器 DW1 可用来调节参考电压，改变输出电压幅度。

(一) 实验目的

编写应用程序，使 D/A 转换分别输出阶梯波、锯齿波和方波，用示波器观察波形。

(二) 仿真器设置

仿真模式设置：8052 模式。

仿真存储器模式选择：内程序存储器，外数据存储器。

(三) 实验连线

CS 与译码电路的 8000H 相连；AOUT 与示波器相连；SWR 与 P3.6 相连；SRD 与 P3.7 相连；数据线与仿真单片机的数据线相连，地址高 8 位、低 8 位分别与单片机地址线相连。

(四) 预习要求

这部分内容的学习应该力求读懂其工作原理，并与教科书中的内容进行比较，深化对电路原理的学习，提高调试技术。

另外，在读程序时，能将输出电压转换为输入数字量，以便于编程，计算公式为数字量/0FFH=输出电压/VFER。

例如，采用 DAC0832 产生锯齿波，要求锯齿波最大值为十六进制数 35H，最小值为 00H。

(五) 实验程序

(1) 汇编程序

①采用 DAC0832 产生锯齿波，要求锯齿波电压最大值为十进制 35，最小值为 0。

```
DA0832      XDATA   8000H
            ORG     0000H
            AJMP    MAIN
            /* 主程序 * /
            ORG     0030H

MAIN:       MOV     DPTR,# DA0832
JCB1:       MOV     A,#0
```

```
JCB2:       MOVX    @ DPTR,A
            INC     A
            CJNE    A,#35,JCB2
            AJMP    JCB1
            END
```

②采用 DAC0832 产生方波，方波最大值为 0FFH，最小值为 00H。

```
DA0832      XDATA   8000H
            ORG     0000H
            AJMP    MAIN
            /* 主程序 */
            ORG     0030H
MAIN:       MOV     DPTR,#DA0832
FB1:        MOV     A,#0
            MOVX    @ DPTR,A
            CALL    DELAY
            MOV     A,#0FFH
            MOVX    @ DPTR,A
            CALL    DELAY
            AJMP    FB1
DELAY:      MOV     R1,#02H
DLO:        MOV     R2,#225
            DJNZ    R2,$
            DJNZ    R1,DLO
            RET
            END
```

③利用 DAC0832 产生阶梯波，阶梯初始值为 0，阶梯数为 15，增长步长为 12。

```
DA0832      XDATA   8000H
            ORG     0000H
            AJMP    MAIN
            /* 主程序 */
            ORG     0030H
MAIN:       MOV     R1,#0FFH
JTB0:       MOV     DPTR,#DA0832
```

```
            MOV     R0. #15
            MOV     A,#0
JTB1:       MOVX    @ DPTR,A
            CALL    DELAY1MS
            ADD     A,#12
            DJNZ    RO,JTB1
            DJNZ    R1,JTBO
            AJMP    MAIN
                /* 延时程序 */
DELAY1MS:   MOV     R1,#01H
DLO:        MOV     R2,#225
            DJNZ    R2,$
            DJNZ    R1,DLO
            RET
            END
```

(2) C 语言程序

①产生锯齿波，锯齿波最大值为 35，最小值为 0。

```
#include <reg51.h>
#include <absacc.h>
#define BYTE unsigned char
#define WORD unsigned int
#define DA0832 XBYTE[0x8000]
void main( void)
{    BYTE dat.i;
     do
     {    dat=0;
           for(i =0;i<35;i+ + )
           {
               DA0832 = i;
           }
      }
      while(1);
}
```

②产生方波，方波最大值为0FFH，最小值为00H。

```
# include <reg51. h>
# include <absacc. h>
# define BYTE unsigned char
# define WORD unsigned int
# define DA0832 XBYTE[0x8000]

void main (void)
{    WORD i;
     do
     {    DA0832 = 0X00;
           for(i =0;i<100;i+ + );
           DA0832 = 0XFF;
           for(i =0;i<100;i+ + );
       }
       while(1);
}
```

③产生阶梯波，阶梯波初始值为0，阶梯数为15，增长步长为12。

```
# include <reg51.h>
# include <absacc. h>
# define BYTE unsigned char
# define WORD unsigned int
# define DA0832 XBYTE[0x8000]
void main (void)
{
BYTE dat,i,j;
do{
      for(j=0;j<125;j+ + )
      {
          dat = 0;
          for(i=0;i<15;i+ + )
          {
              dat=dat+12;
```

```
            DA0832 = dat;
          }
        }
    }
while(1);
}
```

第三节　单片机串口拓展实验

一、八段数码管滚动显示实验

（一）实验目的

（1）了解数码管动态显示的原理。
（2）了解 74LS164 扩展端口的方法。

（二）实验要求

利用实验仪提供的显示电路，动态显示一行数据，8 段数码管交替显示 0~F。

（三）实验线路

数码管显示草图如图 3-3 所示。

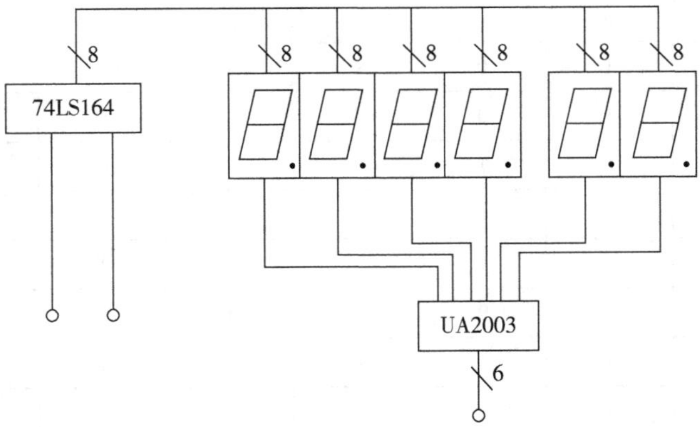

图 3-3　数码管显示草图

（四）实验说明

（1）本实验仪提供了 8 段数码管 LED 显示电路，只要按地址输出相应数据，就可以实现对显示器的控制。显示共有 6 位，采用动态方式显示。8 段数码管是由 8155 的 PB0、PB1 经 74LS164“串转并”后输出得到。6 位位码由 8155 的 PA0 口输出，经 UA2003 反向驱动后，选择相应显示位。①

74LS164 是串行输入并行输出转换电路，串行输入的数据位由 8155 的 PB0 控制，时钟位由 8155 的 PB1 控制输出。写程序时，只要向数据位地址输出数据，然后向时钟位地址输出一高一低两个电平，就可以将数据位移到 74LS164 中，向显示位选通地址输出高电平就可以点亮相应的显示位。

本实验仪中，数据位输出地址为 0E102H，时钟位输出地址为 0E102H，位选通输出地址为 0E101H。本实验涉及 8155IO/RAM 扩展芯片的工作原理以及 74LS164 器件的工作原理。

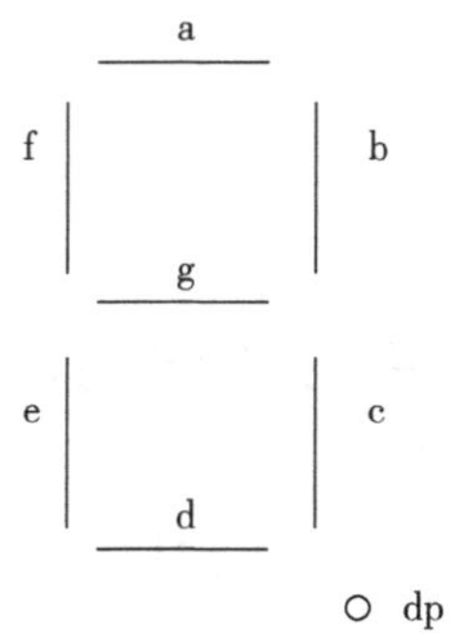

图 3-4　数码管的各段名称

（2）8 段数码管的字型代码如图 3-4 所示，代码表如表 3-2 所示。

表 3-2　8 段数码管的字型代码表

显示字形	g	f	e	d	c	b	a	段码
0	0	1	1	1	1	1	1	3FH
1	0	0	0	0	1	1	0	06H
2	1	0	1	1	0	1	1	5BH
3	1	0	0	1	1	1	1	4FH
4	1	1	0	0	1	1	0	66H
5	1	1	0	1	1	0	1	6DH
6	1	1	1	1	1	0	1	7DH
7	0	0	0	0	1	1	1	07H
8	1	1	1	1	1	1	1	7FH
9	1	1	0	1	1	1	1	6FH
A	1	1	1	0	1	1	1	77H
B	1	1	1	1	1	0	0	7CH

① 周越，郑棣，范爱华，洪晓静，周家婕．单片机技术实验实训教程［M］．北京：中国水利水电出版社，2014.

续表

显示字形	g	f	e	d	c	b	a	段码
C	0	1	1	1	0	0	1	39H
D	1	0	1	1	1	1	0	5EH
E	1	1	1	1	0	0	1	79H
F	1	1	1	0	0	0	1	71H

（五）程序框图

8 段数码管滚动显示实验程序框图如图 3-5 所示。

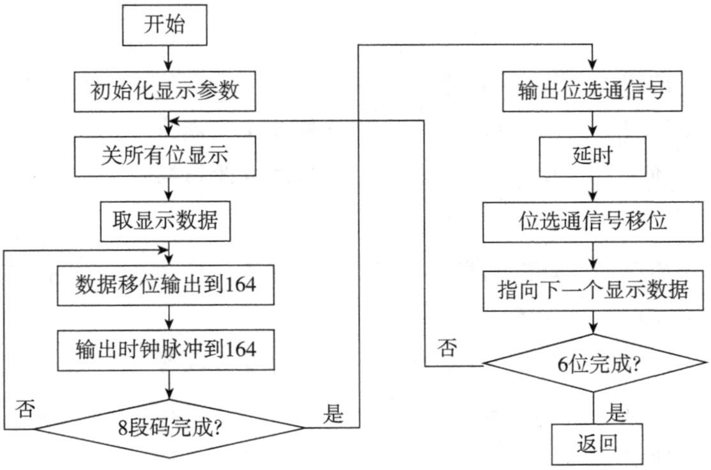

图 3-5　8 段数码管滚动显示实验程序框图

（六）实验程序

(1) 汇编程序

```
OUTBIT      EQU 0E101H          ;位控制口
CLK164      EQU 0E102H          ;段控制口(接 164 时钟位)
DAT164      EQU 0E102H          ;段控制口(接 164 数据位)
IN          EQU 0E103H          ;键盘读入口
LEDBUF      EQU  60H            ;显示缓冲
NUM         EQU  70H            ;显示的数据
DELAYT      EQU  75H
ORG         0000H
LJMP        START
```

```
LEDMAP:                             ;8 段管显示码
            DB  3FH,06H,5BH,4FH,66H,6DH,7DH,07H
            DB  7FH,6FH,77H,7CH,39H,5EH,79H,71H
DELAY:                              ;延时子程序

            MOV     R7,#0
DELAYLOOP:
            DJNZ    R7,DELAYLOOP
            DJNZ    R6,DELAYLOOP
            RET
DISPLAYLED:
            MOV     R0,#LEDBUF
            MOV     R1,#6           ;共 6 个 8 段管
            MOV     R2,#00100000B ;从左边开始显示
LOOP:
            MOV     DPTR,#OUTBIT
            MOV     A,#00H
            MOVX    @ DPTR,A        ;关所有 8 段管
            MOV     A,@ RO
            MOV     B,#8            ;送 164
DLP:
            RLC     A
            MOV     R3,A
            MOV     ACC.0,C
            ANL     A,#0FDH
            MOV     DPTR,#DAT164
            MOVX    @ DPTR,A
            MOV     DPTR,#CLK I 64
            ORL     A,#02H
            MOVX    @ DPTR,A
            ANL     A,#0FDH
            MOVX    @ DPTR,A
            MOV     A,R3
```

```
        DJNZ    B,DLP
        MOV     DPTR,#OUTBIT
        MOV     A,R2
        MOVX    @ DPTR,A         ;显示一位 8 段管
        MOV     R6,#1
        CALL    DELAY
        MOV     A,R2             ;显示下一位
        RR      A
        MOV     R2,A
        INC     R0
        DJNZ    R1,LOOP
        MOV     DPTR,#OUTBIT
        MOV     A,#0
        MOVX    @ DPTR,A         ;关所有 8 段管
        RET
START:  MOV     DPTR,#0E100H
        MOV     A,#03H
        MOVX    @ DPTR,A
        MOV     SP,#40H
        MOV     NUM,#0
MLOOP:
        INC     NUM
        MOV     A,NUM
        MOV     B,A
        MOV     R0,#LEDBUF
FILLBUF:
        MOV     A,B
        ANL     A,#OFH
        MOV     DPTR,#LEDMAP
        MOVC    A,@ A+DPTR       ;数字转换成显示码
        MOV     @ R0,A           ;显示码填入显示缓冲
        INC     R0
        INC     B
```

```
            CJNE    R0,#LEDBUF+6,FILLBUF
            MOV     DELAYT,#30
DISPAGAIN:
            CALL    DISPLAYLED      ;显示
            DJNZ    DELAYT,DISPAGAIN
            LJMP    MLOOP
            END
```

(2) C 语言程序

```
#include<absacc.h>
#define LEDLen 6
#define mode 0x03;
#define CAddr XBYTE[0xe100]          /* 控制字地址 */
#define OUTBIT XBYTE[0xe101]         /* 位控制口 */
#define CLK164 XBYTE[0xe102]         /* 段控制口(接 164 时钟位) */
#define DAT164 XBYTE[0xe102]         /* 段控制口(接 164 数据位) */
#define IN XBYTE[0xe103]             /* 键盘读入口 */
unsigned char LEDBuf[LEDLen];        /* 显示缓冲 */
code unsigned char LEDMAP[] = {      /* 8 段管显示码 */
  0x3f,0x06,0x5b,0x4f,0x66,0x6d,0x7d,0x07,
  0x7f,0x6f,0x77,0x7c,0x39,0x5e,0x79,0x71
};
void Delay(unsigned char CNT)
{
  unsigned char i;
  while (CNT-- ! =0)
    for(i=100;i! =0; i--);
}
void DisplayLED(
{
  unsigned char i,j;
  unsigned char Pos;
  unsigned char LED;
  Pos = 0x20;                        /* 从左边开始显示 */
```

```
  for(i = 0;i<LEDLen;i++) {
    OUTBIT = 0;                          /* 关所有 8 段管 * /
    LED = LEDBuf[i];
    for(j=0;j<8;j++){                    /* 送 164 * /
      if(LED & 0x80) DAT164 = 1; else DAT164 = 0;
      CLK164 = CLK 164)0x02;
      CLK164 = CLK 164&0xfd;
      LED<<= 1;
    }
    OUTBIT = Pos;                        /* 显示一位 8 段管 * /
    Delay(1);
    Pos>>= 1;                            /* 显示下一位 * /
  }
  OUTBIT = 0;                            /* 关所有 8 段管 * /
}
void main)
{
  unsigned chari = 0;
  unsigned char j;
    CAddr = mode;
  while(1) {
    LEDBuf[0] = LEDMAP[ i & 0x0f];
    LEDBuf[1] = LEDMAP[(i+1) & 0x0f];
    LEDBuf[2] = LEDMAP[(i+2) & 0x0f];
    LEDBuf[3] = LEDMAP(i+3) & 0x0f];
    LEDBuf[4] = LEDMAP[(i+4) & 0x0f];
    LEDBuf[5] = LEDMAP[(i+5) & 0x0];
    i++;
    for(j-0; j<30;j++)
      DisplayLED( );                     /* 延时 * /
  }
}
```

二、键盘扫描显示实验

(一) 实验目的

(1) 掌握键盘和显示器的接口方法和编程方法。

(2) 掌握键盘扫描和 LED 8 段数码管显示器的工作原理。

(二) 实验要求

在上一个实验的基础上，利用实验仪提供的键盘扫描电路和显示电路，做一个扫描键盘和数码显示实验，把按键输入的键码在 6 位数码管上显示出来。

实验程序可分成三个模块。

(1) 键输入模块：扫描键盘，读取一次键盘并将键值存入键值缓冲单元。

(2) 显示模块：将显示单元的内容在显示器上动态显示。

(3) 主程序：调用键输入模块和显示模块。

(三) 实验电路

键盘草图如图 3-6 所示。

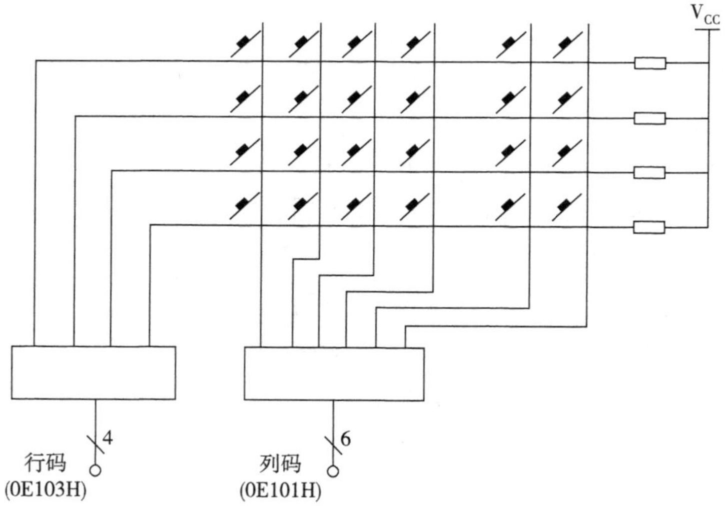

图 3-6 键盘草图

(四) 实验说明

本实验仪提供了一个 6×4 的小键盘，向列扫描码地址（0E101H）逐列输出低电平，然后从行码地址（0E103H）读回。如果有键按下，则相应行的值应为低；如果无键按下，由于上拉的作用，行码为高。这样就可以通过输出的列码和读取的行码来判断按下的是什么键。在判断有键按下后，要有一定的延时，防止键盘抖动。列扫描码还可以分时用作 LED 的位选通信号。

（五）程序框图

键盘扫描显示实验主程序框图如图 3-7 所示。

读键输入子程序框图如图 3-8 所示。

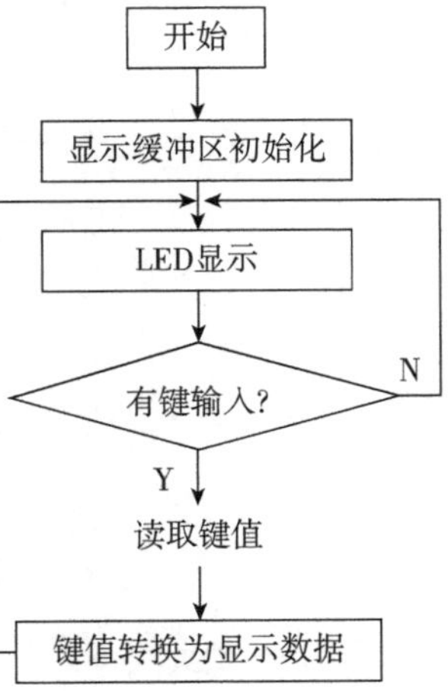

图 3-7　键盘扫描显示实验主程序框图

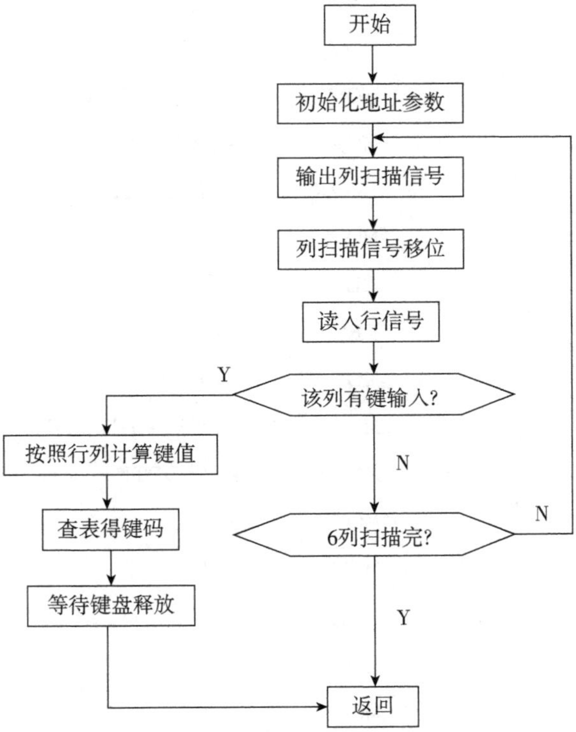

图 3-8　读键输入子程序框图

显示程序框图如图 3-5 所示。

（六）实验程序

（1）汇编程序

```
                        ;键盘扫描实验
OUTBIT    EQU 0E101H    ;位控制口
CLK164    EQU 0E102H    ;段控制口(接164时钟位)
```

```
        DAT164    EQU 0E102H     ;段控制口(接164数据位)
        IN        EQU 0E103H     ;键盘读入口
        ORG       0000H
        LJMP      STAR
;==========================================================
KEY1:   MOV       13H,#06H
        MOV       12H,#20H
KEY2:   MOV       A,12H
        CPL       A
        MOV       R7,A
        MOV       DPTR,#0E101H
        MOV       A,R7
        MOVX      @ DPTR,A
        MOV       A,12H
        CLR       C
        RRC       A
        MOV       12H,A
        MOV       DPTR,#0E103H
        MOVX      A,@ DPTR
        MOV       R7,A
        MOV       A,R7
        CPL       A
        MOV       R7,A
        MOV       A,R7
        ANL       A,#0FH
        MOV       14H,A
        DEC       13H
        MOV       R7,13H
        MOV       A,R7
        JZ        KEYDIS
        MOV       A,14H
        JZ        KEY2
KEYDIS: MOV       A,14H
```

```
            JZ      TESTKEY5
            MOV     A,13H
            ADD     A,ACC
            ADD     A,ACC
            MOV     13H,A
            MOV     A,14H
            JNB     ACC.1,TESTKEY
            INC     13H
            SJMP    TESTKEY2
;===================================================================
                    ;键盘扫描
TESTKEY:    MOV     A,14H
            JNB     ACC.2,TESTKEY1
            INC     13H
            INC     13H
            SJMP    TESTKEY2
TESTKEY1:   MOV     A,14H
            JNB     ACC.3,TESTKEY2
            MOV     A,#03H
            ADD     A,13H
            MOV     13H,A
TESTKEY2:   MOV     DPTR,#0E101H
            CLR     A
            MOVX    @ DPTR,A
TESTKEY3:   MOV     R7,#0AH
            LCALL   MLOOP
            LCALL   MLOOP4
            MOV     A,R7
            JNZ     TESTKEY3
            MOV     R7,13H
            MOV     A,R7
            MOV     DPTR,#0134H
            MOVC    A,@ A+DPTR
```

```
            MOV     R7,A
            RET
;==================================================================
TESTKEY4:   DB      22H
TESTKEY5:   MOV     R7,#0FFH
            RET
;==================================================================
GETKEY:     MOV     10H,#20H
            MOV     0EH,#00H
GETKEY1:    MOV     A,OEH
            CLR     C
            SUBB    A,#06H
            JNC     GOON2
            MOV     DPTR,#0E101H
            CLR     A
            MOVX    @ DPTR,A
            MOV     R7,0EH
            MOV     A,#08H
            ADD     A,R7
            MOV     R0,A
            MOV     A,@ R0
            MOV     R7,A
            MOV     11H,R7
            MOV     OFH,#00H
GETKEY2:    MOV     A,OFH
            CLR     C
            SUBB    A,#08H
            JNC     GOON1
            MOV     A,11H
            JNB     ACC.7,KLOOP
            MOV     DPTR,#0E102H
            MOV     A,#01H
            MOVX    @ DPTR,A
```

```
        SJMP    KLOOP1
;=========================================================
KLOOP:  MOV     DPTR,#0E102H
        CLR     A
        MOVX    @ DPTR,A
KLOOP1: MOV     DPTR,#0E102H
        MOVX    A,@ DPTR
        MOV     R7,A
        MOV     A,R7
        ORL     A,#02H
        MOV     R7,A
        MOV     A,R7
        MOVX    @ DPTR,A
        MOV     DPTR,#0E102H
        MOVX    A,@ DPTR
        MOV     R7,A
        MOV     A,R7
        ANL     A,#0FDH
        MOV     R7,A
        MOV     A,R7
        MOVX    @ DPTR,A
        MOV     A,11H
        ADD     A,ACC
        MOV     11H,A
        INC     0FH
        SJMP    GETKEY2
GOON1:  MOV     DPTR,#0E101H
        MOV     A,10H
        MOVX    @ DPTR,A
        MOV     R7,#01H
        LCALL   MLOOP
        MOV     A,10H
        CLR     C
```

```
        RRC     A
        MOV     10H,A
        INC     0EH
        SJMP    GETKEY 1
GOON2:  RET
;==========================================================================
WAIT:   MOV     DPTR,#0E100H
        MOV     A,#03H
        MOVX    @ DPTR,A
        MOV     08H,#0FFH
        MOV     09H,#0FFH
        MOV     0AH,#0FFH
        MOV     0BH,#0FFH
        MOV     0CH,#00H
        MOV     0DH,#00H
WAIT1:  LCALL   GETKEY
        LCALL   MLOOP4
        MOV     A,R7
        JZ      WAIT1
        LCALL   KEY1
        MOV     R6,#00H
        MOV     R6,#00H
        MOV     A,R7
        ANL     A,#0FH
        MOV     R7,A
        MOV     A,#24H
        ADD     A,R7
        MOV     DPL,A
        MOV     A,#01H
        ADDC    A,R6
        MOV     DPH,A
        CLR     A
        MOVC    A,@ A+DPTR
```

```
        MOV     R7,A
        MOV     0DH,R7
        SJMP    WAIT1
        RET
;==============================================================
TAB:
Q0124:  DB  3FH,06H,5BH,4FH,66H,6DH,7DH,07H
Q012C:  DB  7FH,6FH,77H,7CH,39H,5EH,79H,71H
Q0134:  DB  00H,01H,04H,07H,OFH,02H,05H,08H
Q013C:  DB  0EH,03H,06H,09H,0DH,0CH,0BH,0AH
Q0144:  DB  10H,11H,12H,13H,14H,15H,16H
;==============================================================
MLOOP:  MOV     15H,R7
MLOOP1: MOV     R7,15H
        DEC     15H
        MOV     A,R7
        JZ      MLOOP3
        MOV     16H,#64H
MLOOP2: MOV     A,16H
        JZ      MLOOP1
        DEC     16H
        SJMP    MLOOP2
        SJMP    MLOOP1
MLOOP3: RET
MLOOP4: MOV     DPTR,#0E101H
        CLR     A
        MOVX    @ DPTR,A
        MOV     DPTR,#0E103H
        MOVX    A,@ DPTR
        MOV     R7,A
        MOV     A,R7
        CPL     A
        MOV     R7,A
```

```
            MOV     A,R7
            ANL     A,#0FH
            MOV     R7,A
            RET
STAR:       MOV     R0,#7FH
            CLR     A
STARI:      MOV     @ R0,A
            DJNZ    R0,STARI
            MOV     SP,#16H
            LJMP    WAIT
            END
```

(2) C 语言程序

```
#include<absacc.h>
#define LEDLen 6
#define mode 0x03;
#define CAddr XBYTE[0xe100]         /* 控制字地址 */
#define OUTBIT XBYTE[0xe101]        /* 位控制口 */
#define CLK164 XBYTE[0xe102]        /* 段控制口(接 164 时钟位) */
#define DAT164 XBYTE[0xe102]        /* 段控制口(接 164 数据位) */
#define IN XBYTE[0xe103]            /* 键盘读入口 */

unsigned char LEDBuf[LEDLen];       /* 显示缓冲 */
code unsigned char LEDMAP[] = {     /* 8 段管显示码 */
  0x3f,0x06,0x5b,0x4f,0x66,0x6d,0x7d,0x07,
  0x7f,0x6f,0x77,0x7c,0x39,0xSe,0x79,0x71
};

void Delay(unsigned char CNT)
{
  unsigned char i;

  while (CNT-- ! =0)
    for(i=100;i! =0; i-);
```

```
}

void DisplayLED)
{
  unsigned char i,j;
  unsigned char Pos;
  unsigned char LED;

  Pos = 0x20;                          /* 从左边开始显示 */
  for(i = 0;i< LEDLen;i++) {
    OUTBIT = 0;                        /* 关所有 8 段管 */
    LED = LEDBuf[i];
    for(j=0;j<8;j++) {                 /* 送 164 */
        if(LED & 0x80) DAT164 =1; else DAT164 = 0;
        CLK164 = CLK164 |0x02;
        CLK164 = CLK164&0xfd;
        LED <<= 1;
      }
      OUTBIT = Pos;                    /* 显示一位 8 段管 */
      Delay(1); .
      Pos>>= 1;                        /* 显示下一位 */
  }
}
code unsigned char KeyTable[] = {      /* 键码定义 */
            0x00,0x01,0x04,0x07,
            0x0f,0x02,0x05,0x08,
            0x0e,0x03,0x06,0x09,
            0x0d,0x0c,0x0b,0x0a,
            0x10,0x11,0x12,0x13,
            0x14,0x15,0x16
};

unsigned char TestKey()
```

```
{
    OUTBIT= 0;                          /* 输出线置为 0 */
    return( ~IN & 0x0f);                /* 读入键状态(高四位不用) */
}

unsigned char GetKey()
{
    OUTBIT= 0;                          /* 输出线置为 0 */
    return ( ~IN & 0x0f);               /* 读入键状态(高四位不用) */
}

unsigned char GetKey()
{
  unsigned char Pos;
  unsigned char i;
  unsigned char k;

i= 6;
Pos = 0x20;       /* 找出键所在列 */
do {
    OUTBIT=~ Pos; .
    Pos>>= 1;
    k=~IN & 0x0f;
} while (--! = 0) && (k== 0);

/* 键值=列×4+行 */
if(k! =0) {
  i * =4;
  if(k & 2)
    i+=1;
  else if(k & 4)
    i+=2;
  else if(k & 8)
```

```
    i+= 3;

    OUTBIT=0;
    do Delay( 10); while (TestKeyO);   /*等键释放*/

    return(KeyTable[i]);               /*取出键码*/
    } else return(0xff);
}
void main()
{
    CAddr = mode;
    LEDBuf[0] = 0xff;
    LEDBuf[1]= 0xff;
    LEDBuf[2] = 0xff;
    LEDBuf[3] = 0xff;
    LEDBuf[4] = 0x00;
    LEDBuf[5] = 0x00;

    while(1) {
      DisplayLED();
      if (TestKey() LEDBuf[5]= LEDMAP[GetKey() & 0x0f];
    }
}
```

第四章
单片机应用系统设计实训

本章的主要内容是 MCS-51 单片机应用系统设计实训。美国 Intel 公司生产的单片机 MCS-51 包括很多品种，其中 8051 是最为基础的一款，而近几年我国的单片机还是以 8031 为主。

第一节　数字式电压表设计

一、知识点

ADC0809 与单片机的接口方式与程序设计方法，可编程键盘/显示芯片 8279 的动态显示功能，数字量的标度变换。

二、知识点分析

生产现场的各种参数，如温度、压力、流量、位移等有着不同的量纲，在单片机测控系统中，这些变量经过 A/D 转换均变为二进制数码；但在实际显示时，要求把经过 A/D 转换的数码（即采样值）再变换成参量的实际数值，这一过程叫作标度变换。

三、实验要求

设计一个用单片机控制的简易数字电压表，该电压表有一路模拟量输入，范围为 0~5 V，将采集的数据转换成工程量在 LED 数码管上显示，测量最小分辨率为 0.0196 V，测量误差约为 0.02 V。

四、实验线路

数字式电压表电路原理图如图 4-1 所示。显示部分使用可编程键盘/显示器 8279

芯片。

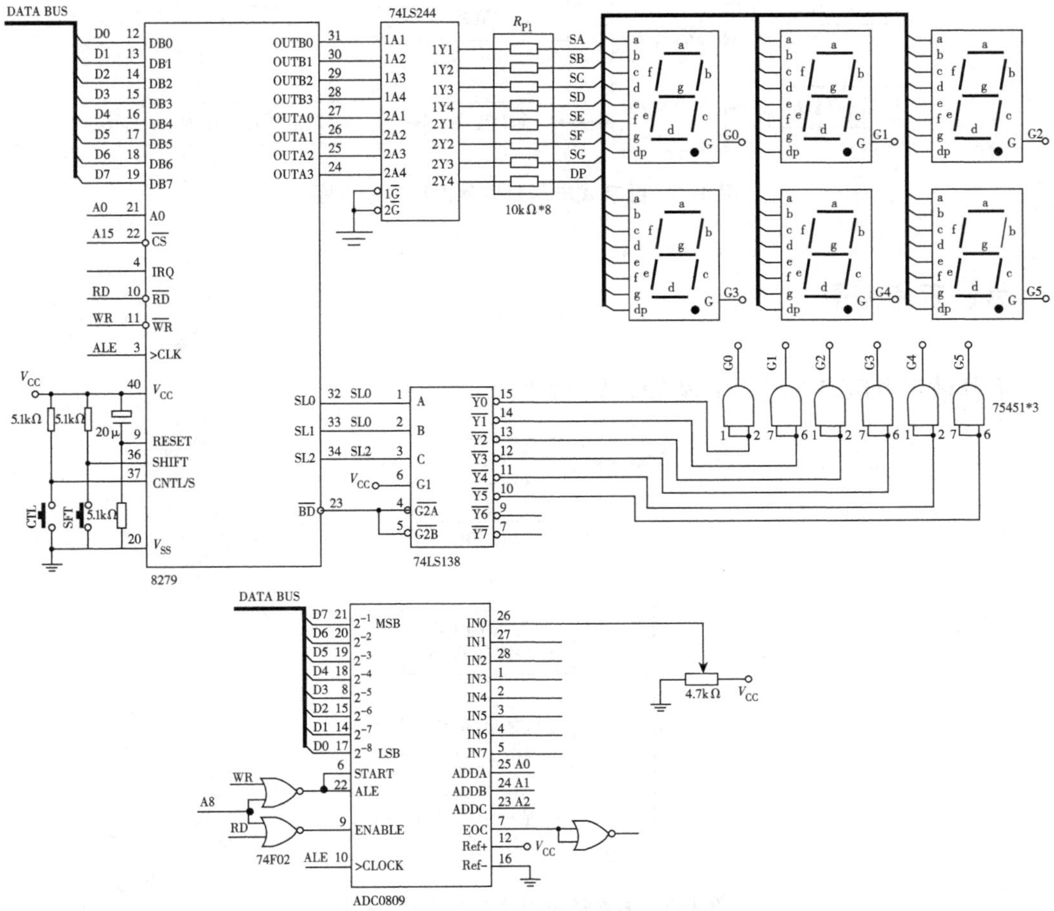

图 4-1　数字式电压表电路原理图

五、实验说明

数字式电压表是测量电压的常用仪器。按系统功能实现要求，决定采用 AT89C52 单片机作为控制核心，A/D 转换采用 ADC0809，显示部分由可编程键盘/显示器 8279 完成。数字式电压表硬件设计方案框图如图 4-2 所示。①

① 刘海宽．单片机实验与实训教程［M］．南京：东南大学出版社，2009.

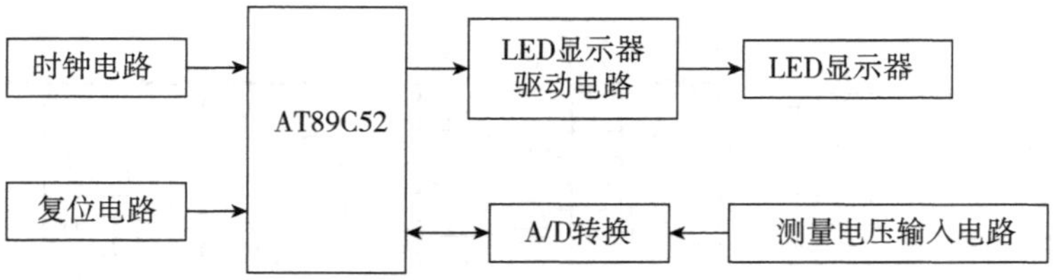

图 4-2　数字式电压表硬件设计方案框图

六、程序框图

简易数字电压表系统的主程序流程图如图 4-3 所示。

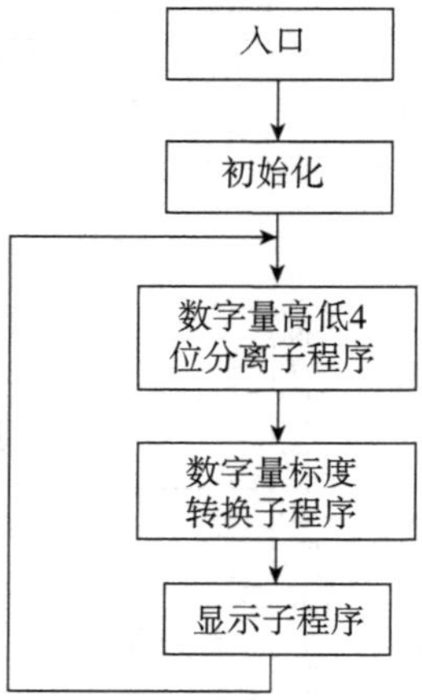

图 4-3　简易数字电压表系统程序框图

七、实验程序

汇编程序：

```
PORT0809    EQU    0FEF8H
PORT8279    EQU    7FFEH
ADBIN       EQU    50H
ADBIN_HI    EQU    51H
ADBIN_LO    EQU    52H
ADDEC       EQU    53H
ADDEC_HI    EQU    54H
ADDEC_MI    EQU    55H
```

```
         ADDEC_LO    EQU     56H
         ORG         0000H
         SJMP        STAR
         ORG         0003H              ;外部中断 0 的中断入口地址
         LJMP        INTTO
         ORG         0050H
STAR:    MOV SP,# 60H
         MOV         DPTR,# PORT8279+1 ;置 8279 清除命令字
         MOV         A,#0D1H
         MOVX        @ DPTR,A
         MOV         A,#2AH             ;置时钟编程命令字
         MOVX        @ DPTR,A
         MOV         A,#00H             ;置键盘/显示器方式命令字
         MOVX        @ DPTR,A
         MOV         DPTR,# POR T0809   ;启动 A/D 转换
         MOV         A,# 00H
         MOVX        @ DPTR,A
         SETB        EA                 ;开中断
         SETB        EX0
         SETB        IT0
         MOV         ADBIN,# 00H
LOOP:    LCALL       DATASEP            ;分离数字量的高低 4 位
         LCALL       AD_CALC            ;数字量标度转换子程序
         LCALL       DISP8279           ;8279 显示子程序
         LCALL       DELY1              ;延时
         SJMP        LOOP
;分离高 4 位和低 4 位并依次存放在 51H 和 52H 中
DATASEP: PUSH        ACC
         MOV         A,ADBIN
         SWAP        A
         ANL         A,#0FH
         MOV         ADBIN_HI,A
         MOV         A,ADBIN
```

```
            ANL         A,#0FH
            MOV         ADBIN_LO,A
            POP         ACC
            RET
;A/D 转换后的数字量进行标度转换
AD_CALC:    PUSH ACC
            MOV         A,ADBIN              ;255/51=5.0
            MOV         B,#51
            DIV         AB
            MOV         ADDEC_HI,A           ;整数存入 54H
            MOV         A,B
            CLR         F0
            CLR         C
            SUBB        A,#26
            MOV         F0,C
            MOV         A,# 10
            MUL         AB
            MOV         B,#51
            DIV         AB
            JB          F0,COVLP1
            ADD         A,#5
COVLP1:     MOV         ADDEC_MI,A           ;小数后第 1 位存入 55H
            MOV         A,B
            CLR         F0
            CLR         C
            SUBB        A,#26
            MOV         F0,C
            MOV         A,# 10
            MUL         AB
            MOV         B,#51
            DIV         AB
            JB          F0,COVLP2
            ADD         A,#5
```

```
COVLP2:    MOV        ADDEC_LO,A         ;小数后第 2 位存入 56H
           POP        ACC
           RET
;8279 显示子程序
DISP8279:  PUSH ACC
           PUSH       01H                ;占用 R1
           MOV        DPTR,# PORT8279+1  ;置显示 RAM 命令字
           MOV        A,#90H
MOVX       @ DPTR,A
           MOV        DPTR,#PORT8279     ;置 8279 数据口
           MOV        R1,# ADBIN_HI
           MOV        A,@ R1
           LCALL      TABLE
           MOVX       @ DPTR,A
           MOV        DPTR,# PORT8279
           MOV        R1,# ADBIN_LO
           MOV        A,@ R1
           LCALL      TABLE
           MOVX       @ DPTR,A
           MOV        DPTR,# PORT8279
           MOV        A,# 13H
           LCALL      TABLE
           MOVX       @ DPTR,A
           MOV        DPTR,# PORT8279
           MOV        R1,#ADDEC_HI
           MOV        A,@ R1
           LCALL      TABLE
           ORL        A,#80H             ;显示小数点
           MOVX       @ DPTR,A
           MOV        DPTR,# PORT8279
           MOV        R1,# ADDEC_MI
           MOV        A,@ R1
           LCALL      TABLE
```

```
            MOVX        @ DPTR,A
            MOV         DPTR,#PORT8279
            MOV         R1,# ADDEC_LO
            MOV         A,@ R1
            LCALL       TABLE
            MOVX        @ DPTR,A
            POP         01H
            POP         ACC
            RET
TABLE:      INC         A
            MOVC        A,@ A+ PC           ;查段码
            RET
            DB 3FH,06H,5BH,4FH,66H,6DH,7DH,07H
            DB 7FH,6FH,77H,7CH,39H,5EH,79H,71H
            DB 80H,40H,73H,00H,3EH
DELY1:      MOV         R6,#255
DEL2:       MOV         R5,#255
DEL1:       DJNZ        R5,DEL1
            DJNZ        R6,DEL2
            RET
;用中断方式读取 A/D 转换结果
INTTO:      CLR         EA
            PUSH        PSW
            PUSH        ACC
            PUSH        DPL
            PUSH        DPH
            MOV         DPTR,# PORT0809     ;读取 A/D 转换结果
            MOVX        A,@ DPTR
            MOV         ADBIN,A
            POP         DPH
            POP         DPL
            POP         ACC
            POP         PSW
```

```
SETB        EA
RETI
END
```

第二节　单片机与小型通信系统

一、知识点

MCS-51 单片机串行口（UART）的结构与控制，RS232C 串行通信总线标准，异步串行通信的要求。

二、知识点分析

MCS-51 单片机内部串行口有两个物理上独立的接收、发送缓冲器 SBUF，可同时接收和发送数据。发送缓冲器只能写入不能读出，接收缓冲器只能读出不能写入，两个缓冲器占用同一个地址（99H）。MCS-51 单片机中用两个特殊功能寄存器 SCON、PCON 控制串行接口的工作方式和波特率。SCON 命令格式如下：

D7	D6	D5	D4	D3	D2	D1	D0
SM0	SM1	SM2	SM3	SM4	SM5	SM6	SM7

SM0、SM1：串行口工作方式选择位，其定义如表 4-1 所示。

表 4-1　串行口工作方式

SM0 SM1	工作方式	功能	波特率
0　0	方式 0	移位存储器方式	Fosc/12
0　1	方式 1	8 位 UART	可变（T_1 溢出率/n，n=16 或 32）
1　0	方式 2	9 位 UART	Fosc/64 或 Fosc/12
1　1	方式 3	9 位 UART	可变（T_1 溢出率/n，n=16 或 32）

SM2：多机通信控制位，主要用于方式 2 和方式 3 中。接收状态，当 SM2=1 且接收到的第 9 位数据 RB8 为 1 时，才把接收到的前 8 位数据送入 SBUF，且置位 RI 发中断申请，否则将接收到的数据放弃。当 SM2=0 时，不论接收到的第 9 位 RB8 是 0 还是 1，都将前 8 位数据送入 SBUF，并发出中断申请。方式 0 时，SM2=0；方式 1 时，SM2=1。只有接收到有效的停止位时，才能置位 RI。

REN：允许串行接收位，由软件置位或清零。REN = 1 时，允许接收；REN = 0 时，禁止接收。

TB8：发送数据的第 9 位。在方式 2 和方式 3 时，由软件置位或复位，可作奇偶校验位。在多机通信中，可作为区别地址帧或数据帧的标志位。一般约定地址帧时，TB8 为 1；数据帧时，TB8 为 0。

RB8：接收数据的第 9 位，功能同 TB8。

TI：发送中断标志位。在方式 0 时，发送完 8 位数据后，由硬件置位；在其他方式时，在发送停止位之初由硬件置位。TI 是一帧数据发送完的标志，可用指令“JBCTI，rel”来查询是否发送结束。TI = 1 时，可向 CPU 申请中断，中断响应后，必须由软件清零。

RI：接收中断标志位。在方式 0 时，接收完 8 位数据后，由硬件置位；在其他方式时，在接收停止位的中间由硬件置位。RI 是一帧数据接收完的标志，可通过指令“JB-CRI，rel”来查询是否接收完一帧数据。RI = 1 时，可向 CPU 申请中断，中断响应后，必须由软件清零。

PCON 的最高位（SMOD）为波特率倍增位。SMOD = 1 时，波特率加倍；SMOD = 0 时，波特率不加倍。

RS232C 是美国电气工业协会推广使用的一种串行通信总线标准。完整的 RS232C 总线由 25 根信号线组成，但在一般应用中只需要 3 根线即可完成通信。RS232C 最大传输距离为 15 m，最高传输速率约为 20 kb/s。RS232C 采用负逻辑，即逻辑“1”为 -15 ~ -5 V，逻辑“0”为 +5 ~ +15 V；CMOS 电平的逻辑“1”为 4.99 V，逻辑“0”为 0.01 V；TTL 电平的逻辑“1”和“0”则分别为 2.4 V 和 0.4 V。因此，在用 RS232C 总线进行串行通信时需外接电路实现电平转换，实际常采用 MAX232 芯片。①

异步串行通信中要求通信双方必须具有相同的数据收发格式和波特率。另外。为了保证通信的顺利进行，双方事先必须约定通信协议。

三、实验要求

设计一个单片机与 PC 机间的小型通信系统。按单片机控制板上 4 个按键中的任何一个，在 PC 机的串口调试软件中就会显示按下的是哪个按键；在 PC 机的串口调试软件窗口中的字符串输入框中输入 0~F 中的任意一个字符，单击“发送”，单片机接收后，就在 LED 数码管上显示相应的字符。

---

① 刘海宽．单片机实验与实训教程［M］．南京：东南大学出版社，2009.

四、实验线路

单片机与 PC 机小型通信系统硬件电路原理图如图 4-4 所示。

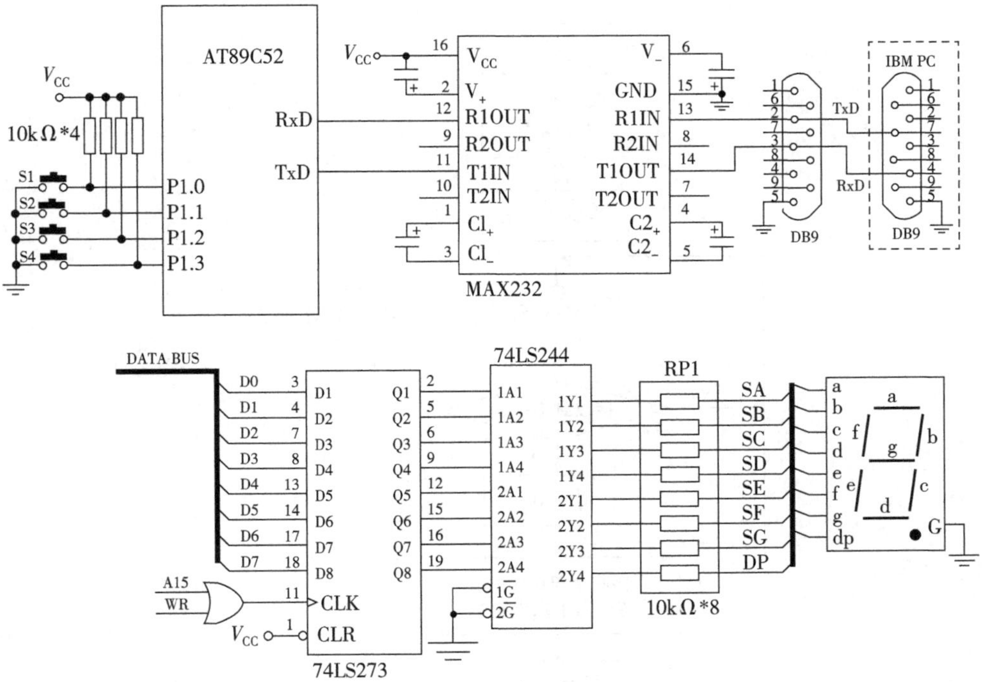

图 4-4　单片机与 PC 机小型通信系统硬件电路原理图

五、实验说明

串行通信技术是构建单片机应用系统，尤其是构建网络控制单片机应用系统的关键技术。MCS－51 单片机的串行接口是全双工的，它能作通用异步接收/发送器(UART)，其 I/O 端口使用的是 TTL 或 CMOS 电平；而 PC 机的串行通信口是标准的 RS232 电平，二者在连接时应有必要的电平转换。本设计中电平转换采用 MAX232 芯片。图 4-5 为单片机与 PC 机小型通信系统硬件电路设计框图。

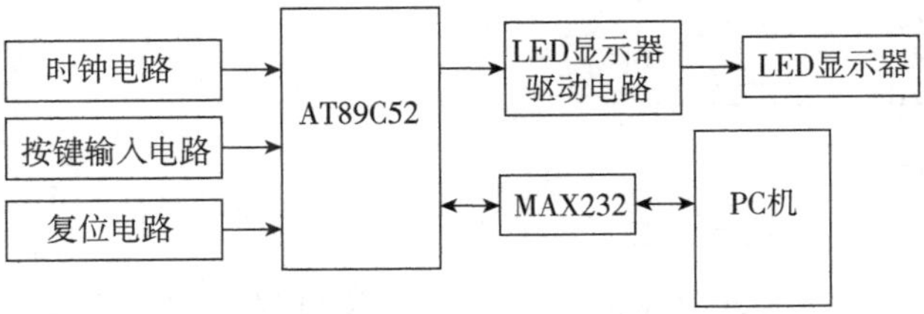

图 4-5　单片机与 PC 机小型通信系统硬件电路设计框图

六、程序框图

单片机通信模块的主程序框图如图 4-6 所示。

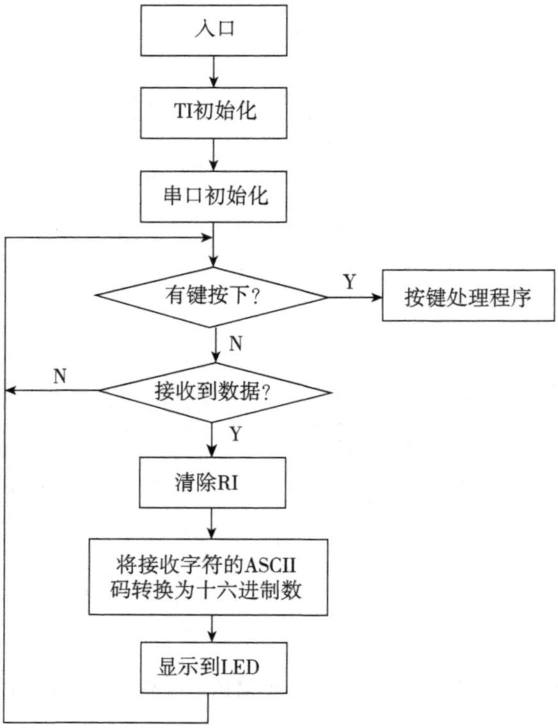

图 4-6　单片机通信模块的主程序框图

七、实验程序

汇编程序

```
PORT273  EQU    7F00H
RDATA    EQU    20H
         ORG    0000H
         LJMP   STAR
         ORG    0100H
STAR:    MOV    SP,#60H
         MOV    TMOD,#20H          ;定时器 1 为方式 2
         MOV    SCON,#50H          ;串口方式 1,允许接收
```

```
        MOV     TH1,#0F3H          ;波特率为1200(晶振为6 MHz)
        MOV     TL1,#0F3H
        SETB    TR1
        MOV     DPTR,#PORT273      ;初始显示'—'
        MOV     A,#40H
        MOVX    @DPTR,A
        MOV     P1,#0FFH           ;P1口置为输入
LOOP:   JNB     P1.0,L1            ;检测按键,如果P1.0按下转L1
        JNB     P1.1,L2
        JNB     P1.2,L3
        JNB     P1.3,L4
        JNB     RI,LOOP            ;等待接收1个字符
        CLR     RI
        MOV     A,SBUF             ;接收到的字符送A
        MOV     20H,A
        LCALL   CHANGE             ;ASCII码转为十六进制数
        LCALL   DISP               ;在LED上显示
        SJMP    LOOP
L1:     MOV     DPTR,#S1KEY        ;置发送字符串标头
SENDA:  CLR     A
        MOVC    A,@A+DPTR
        CJNE    A,#'$',SENDA1
        AJMP    LOOP               ;遇到$则从头开始
SENDA1: MOV     SBUF,A             ;发送数据
        JNB     TI,$               ;等待上次发送结束
        CLR     TI
        INC     DPTR
        LJMP    SENDA .
L2:     MOV     DPTR,#S2KEY
        AJMP    SENDA
L3:     MOV     DPTR,#S3KEY
        AJMP    SENDA
L4:     MOV     DPTR,#S4KEY
```

```
          AJMP    SENDA
S1KEY: DB 0DH,0AH,0DH,0AH,'你按的是 P1.0 键',0DH,0AH,'$'
S2KEY: DB 0DH,0AH,0DH,0AH,'你按的是 P1.1 键',0DH,0AH,'$ '
S3KEY: DB 0DH,0AH,0DH,0AH,'你按的是 P1.2 键',0DH,0AH,'$ '
S4KEY: DB 0DH,0AH,0DH,0AH,'你按的是 P1.3 键',0DH,0AH,' $ '
CHANGE:   MOV     A,20H
          CLR     C
          SUBB    A,#30H
          MOV     20H,A
          SUBB    A,#0AH                ;ASCII 码减 30H 后是否大于 9
          JC      BACK
          MOV     A,20H
          SUBB    A,#07H                ;大于 9 则减去 7
          MOV     20H,A
BACK:     RET
DISP:     MOV     DPTR,#PORT273
          MOV     A,20H
          ANL     A,#0FH
          ACALL   TABLE                 ;转换为段码送数据口显示
          MOVX    @ DPTR,A
          RET
TABLE:    INC     A
          MOVC    A,@ A+PC
          RET
          DB 3FH,06H,5BH,4FH,66H,6DH,7DH,07H
          DB 7FH,6FH,77H,7CH,39H,5EH,79H,71H
          END
```

第三节 单片机音乐演奏控制器

一、知识点

MCS-51 单片机内部定时/计数器的定时中断，单片机音乐演奏的原理。

二、知识点分析

定时/计数器是单片机非常重要的功能部件，其定时中断功能可以实现一定时长的定时，适用于多种应用场合。

声音是由物体振动而产生，振动的频率不同，发出的声音也就不同。有规律的振动发出的声音叫“乐音”。乐谱中的每一个音符都与某一特定频率相对应。

单片机音乐演奏控制器是通过控制单片机内部定时器的定时时间来产生不同频率的方波，经放大后驱动扬声器发出不同的声音；利用软件延时来控制发音时间的长短，从而控制节拍。把乐谱中的音符和相应的节拍变换为定时常数和延时常数，作为数据表格存放在存储器中，由程序查表得到定时常数和延时常数，控制定时器产生相应的方波频率和该频率方波的持续时间。当延时常数确定的延时时间达到时，再查下一个音符的定时常数和延时常数，依次进行下去，就可演奏悦耳动听的乐曲了。

三、实验要求

以 MCS-51 单片机为控制核心，设计一个单曲音乐演奏系统。要求能够用简捷的扬声器电路演奏乐曲《生日快乐》，并且在乐曲播放的同时实现不同频率的 LED 指示灯闪烁。

四、实验线路

(一) 方案论证

由于 MCS-51 单片机内部含有 2 个 16 位定时/计数器，因此选用 51 系列单片机作为控制核心。依据单片机乐曲演奏的原理，辅以必要的外围发声电路，并通过灵活的编程，即可实现单片机音乐演奏。单片机音乐演奏控制系统硬件电路设计框图如图 4-7 所示。

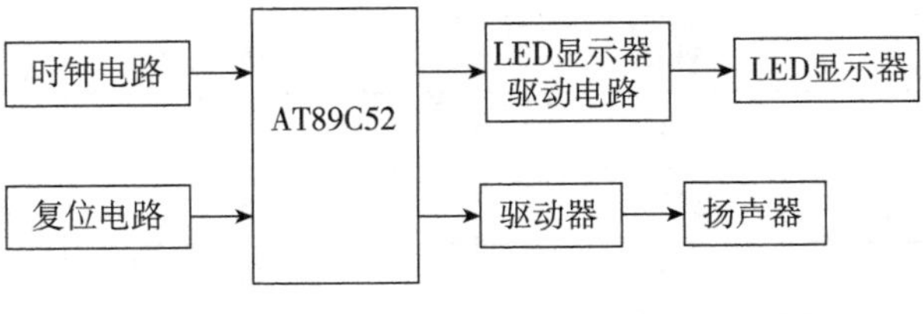

图 4-7　单片机音乐演奏控制系统硬件电路设计框图

（二）电路设计

单片机音乐演奏控制系统电路原理图如图 4-8 所示，P1 口驱动 8 个 LED 发光二极管，P3. 5 通过晶体三极管连接扬声器。

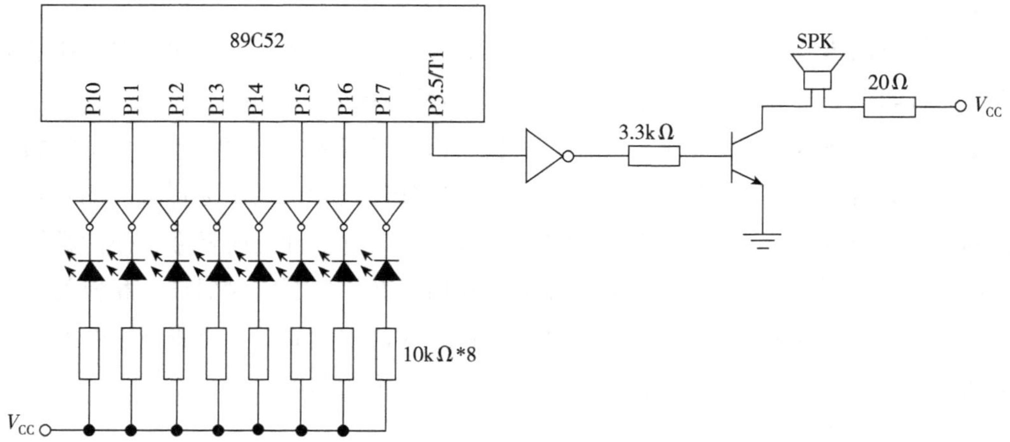

图 4-8　单片机音乐演奏控制系统电路原理图

五、程序设计

设定单片机晶振频率为 12 MHz，C 调时各音符频率与定时常数的对应关系见表 4-2。节拍与时间的对应关系见表 4-3。

表 4-2　C 调时各音符频率与定时常数的对应关系

C 调音符	频率/Hz	半周期/ms	定时常数
低 1DO	262	1. 90	F894H
低 2RE	294	1. 70	F95CH
低 3ME	330	1. 51	FA1AH
低 4FA	349	1. 43	FA6AH
低 5SO	392	1. 28	FB00H
低 6LA	440	1. 14	FB8CH
低 7SI	494	1. 01	FC0EH
中 1DO	523	0. 95	FC4AH
中 2RE	587	0. 85	FCAEH
中 3ME	659	0. 76	FD08H

续表

C 调音符	频率/Hz	半周期/ms	定时常数
中 4FA	698	0. 72	FD30H
中 5SO	784	0. 64	FD80H
中 6LA	880	0. 57	FDC6H
中 7SI	988	0. 51	FE02H
高 1DO	1046	0. 47	FE2AH
高 2RE	1175	0. 42	FE5CH
高 3M	1318	0. 38	FE84H
高 4FA	1397	0. 36	FE98H
高 5SO	1568	0. 32	FEC0H
高 6LA	1760	0. 28	FEE8H
高 7SI	1967	0. 25	FF06H

表 4-3　节拍与时间的对应关系

1/4 节拍的时间设定		1/8 节拍的时间设定	
曲调值	延时时间/ms	曲调值	延时时间/ms
调 4/4	125	调 4/4	62
调 3/4	187	调 3/4	94
调 2/4	250	调 2/4	125

六、程序框图

单片机音乐演奏控制程序框图如图 4-9 所示。

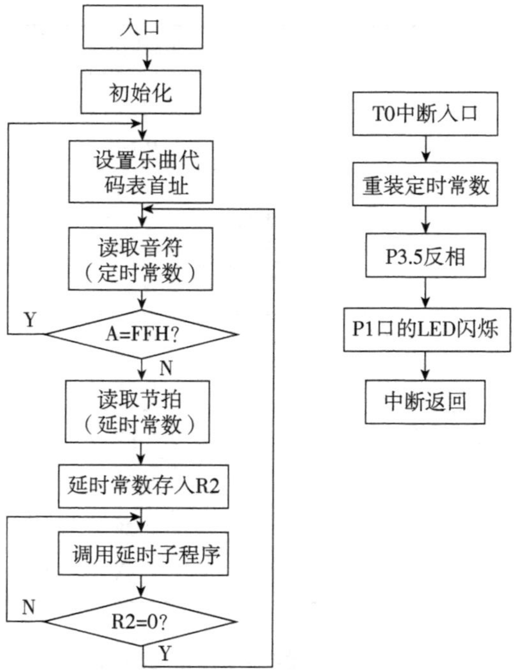

图 4-9　单片机音乐演奏控制程序框图

七、实验程序

汇编程序

```
ORG       0000H
          LJMP    START
          ORG     000BH
          LJMP    TIMEO
          ORG     0100H
START:    MOV     SP,#50H
          MOV     TMOD,#01H          ;T0 设为方式 1
          MOV     IE,#82H            ;允许 T0 中断
          MOV     P1,# 00H
          MOV     DPTR,# TAB
LOOP:     CLR     A
          MOVC    A,@ A+DPTR         ;查表
          MOV     R1,A               ;定时常数高 8 位送 R1
```

```
        INC     DPTR
        CLR     A
        MOVC    A,@ A+DPTR       ;查表
        MOV     RO,A             ;定时常数低 8 位送 R0
        ORL     A,R1
        JZ      NEXT1            ;全 0 为休止符
        MOV     A,RO
        ANL     A,R1
        CJNE    A,#0FFH,NEXT     ;全 1 表示乐曲结束
        SJMP    START            ;从头开始循环演奏
NEXT:   MOV     TH0,R1           ;装入定时常数高 8 位
        MOV     TL0,R0           ;装入定时常数低 8 位
        SETB    TR0
        SJMP    NEXT2
NEXT1:  CLR     TR0
NEXT2:  CLR     A
        INC     DPTR
        MOVC    A,@ A+DPTR       ;查延时常数
        MOV     R2,A             ;延时常数存 R2
LOOP1:  LCALL   DELY
        DJNZ    R2,LOOP1         ;控制延时次数
        INC     DPTR
        LJMP    LOOP
TIME0:  MOV     TH0,R1           ;重装定时常数
        MOV     TL0,R0
        CPL     P3.5             ;反相输出
        MOV     A,P1             ;P1 口反相输出
        CPL     A
        MOV     P1,A
RETI
DELY:   MOV     R7,#02           ;延时 187 ms
DELY1:  MOV     R6,#187
DELY2:  MOV     R5,#248
```

```
        DJNZ   R5,$
        DJNZ   R6,DELY2
        DJNZ   R5,DELY1
        RET
TAB:    DB 0FDH,80H,03H,0FDH,80H,01H
        DB 0FDH,0C6H,04H,0FDH,80H,04H
        DB 0FEH,2AH,04H,0FEH,02H,04H
        DB 00H,00H,04H
        DB 0FDH,80H,03H,0FDH,80H,01H
        DB 0FDH,0C6H,04H,0FDH,80H,04H
        DB 0FEH,5CH,04H,0FEH,2AH,04H
        DB 00H,00H,04H
        DB 0FDH,80H,03H,0FDH,80H,01H
        DB 0FEH,0C0H,04H,0FEH,84H,04H
        DB 0FEH,2AH,04H,0FEH,02H,04H
        DB 0FDH,0C6H,04H
        DB 0FEH,98H,03H,0FEH,98H,01H
        DB 0FEH,84H,04H,0FEH,2AH,04H
        DB 0FEH,5CH,04H,0FEH,2AH,04H
        DB 00H,00H,04H
        DB 0FFH,0FFH              ;结束码
        END
```

第四节　直流电机转速控制系统

一、知识点

MCS-51 单片机对 DAC0832 的接口方式与编程方法，电动机调速的工作原理。

二、知识点分析

在工业生产中，经常采用电动机作为原动机去拖动各种生产机械。这些生产机械要求在不同工况下以不同的速度工作，这就要求采用一定的方法改变生产机械的工作速

度，最常用的方法是对电动机转速进行调节，改变直流电动机的电枢电压或交流电动机的定子电压，都可在一定范围内调整它们的速度。在电压允许范围之内，直流电动机的转速随着电压的升高而加快。直流电动机转动方向则是由电压的正负来控制的，电压为正则正转，电压为负则反转。

三、实验要求

利用 DAC0832 编制程序，输出一串脉冲，经放大后驱动小型直流电动机。改变输出脉冲的电平及持续时间，达到使电机正转、反转、加速、减速之目的。设计中可以通过 MCS-51 单片机的 P1 口读入 8 个开关状态来控制直流电机的转动，实现正转的 4 种转速和反转的 4 种转速。

四、实验线路

小型直流电动机转速控制系统电路原理图如图 4-10 所示，P1 口接 8 个电平开关，DAC0832 采用双极性输出。

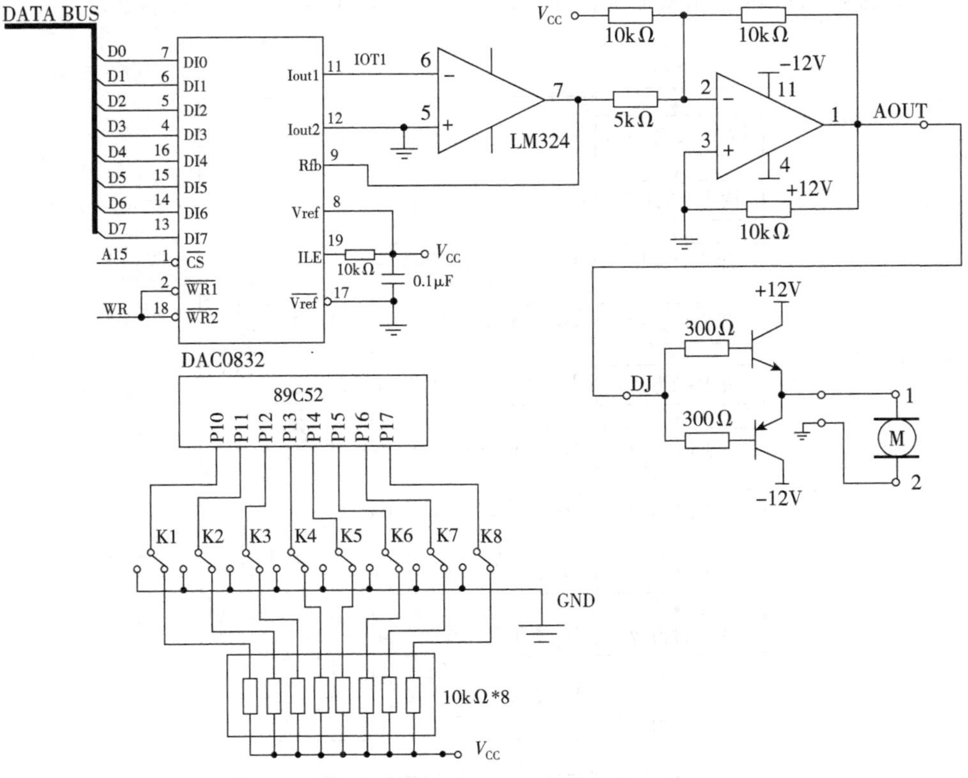

图 4-10　小型直流电动机转速控制系统电路原理图

五、实验说明

以单片机为控制核心，通过常用芯片 DAC0832，编制程序输出一串脉冲，经放大后驱动小型直流电动机。

DAC0832 输出脉冲的占空比决定直流电动机的转速。正向占空比越大，电机正转越快；反向占空比越小，电机转速越快。本设计中，DAC0832 的模拟量输出为双极性，当输入数字量小于 80H 时输出为负，输入数字量等于 80H 时输出为 0 V，输入数字量大于 80H 时输出为正。图 4-11 为小型直流电动机转速控制系统硬件电路设计框图。

图 4-11　小型直流电动机转速控制系统硬件电路设计框图

六、程序框图

小型直流电动机转速控制系统程序框图如图 4-12 所示。

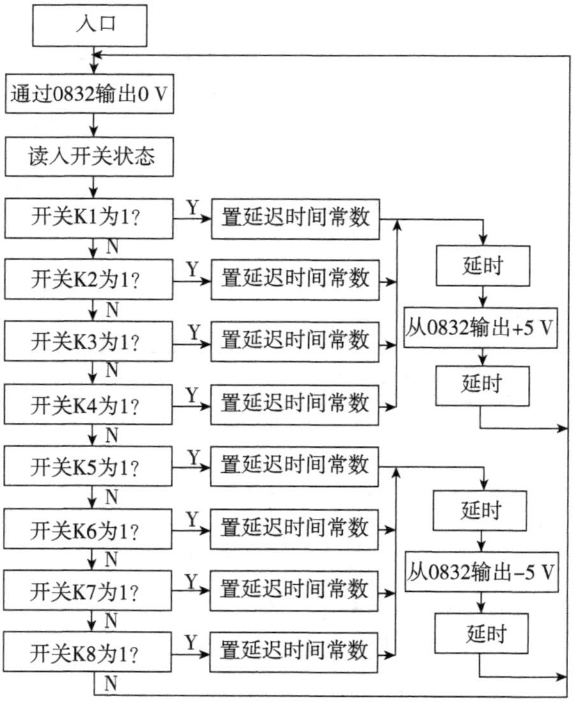

图 4-12　小型直流电动机转速控制系统程序框图

七、实验程序

汇编程序：

```
        PORT1   EQU  7FFFH
        ORG     0000H
        LJMP    START
        ORG     0100H
START:  CLR     EA
        CLR     EA
MOT1:   MOV     DPTR,# PORT1        ;向 0832 输入 80H,使其输出 0 V
        MOV     A,#80H
        MOVX    @ DPTR,A
        MOV     P1,# 0FFH           ;P1 置为输入
        MOV     A,P1                ;读入开关状态
        JB      ACC.0,Z1            ;ACC.0 为 1 转 Z1
        JB      ACC.1,Z2
        JB      ACC.2,Z3
        JB      ACC.3,Z4
        JB      ACC.4,N1
        JB      ACC.5,N2
        JB      ACC.6,N3
        JB      ACC.7,N4
        LJMP    MOT1
Z4:     MOV     R3,# 80H            ;80H 对应一个周期内 0 V 保持时间
        MOV     A,# 30H             ;30H 对应一个周期内+5 V 保持时间
        MOV     R2,A
Z42:    DJNZ    R3,Z42              ;这段时间 0832 输出 0 V
        MOV     A,#0FFH             ;向 0832 输入 FFH,使其输出+5 V
        MOV     DPTR,# PORT1
        MOVX    @ DPTR,A
Z43:    DJNZ    R2,Z43              ;这段时间 0832 输出+5 V
        LJMP    MOT1
```

```
Z3:     MOV     R3,# 80H
        MOV     A,#40H
        MOV     R2.A
        LJMP    Z42
Z2:     MOV     R3,#80H
        MOV     A,# 60H
        MOV     R2,A
        LJMP    Z42
Z1:     MOV     R3,# 80H
        MOV     A,# 80H

        MOV     R2,A
        LJMP    Z42
N1:     MOV     R3,#20H
        MOV     A,# 20H
        MOV     R2,A
N11:    DJNZ    R2,N11              ;延迟,0832 输出 0 V
        MOV     A,# 00H             ;让 0832 输出-5 V
        MOV     DPTR,# PORT1
        MOVX    @ DPTR,A
N12:    DJNZ    R3,N12              ;这段时间 0832 输出-5 V
        LJMP    MOT1
N2:     MOV     R3,#60H
        MOV     A,# 80H
        MOV     R2,A
        LJMP    N11
N3:     MOV     R3,# 40H
        MOV     A,#80H
        MOV     R2,A
        LJMP    N11
N4:     MOV     R3,#30H
        MOV     A,#80H
        MOV     R2,A
```

```
LJMP    N11
LJMP    START
END
```

第五节 单片机步进电机控制系统

一、知识点

步进电机的结构与分类，步进电机的工作原理与控制方法，MCS-51 单片机与步进电机接口方法与编程控制。

二、知识点分析

步进电机是将电脉冲信号转变为角位移或线位移的开环控制元件。在非超载的情况下，电机转速、停止的位置只取决于脉冲信号的频率和脉冲数，而不受负载变化的影响，当步进驱动器接收到一个脉冲信号，它就驱动步进电机按设定的方向转动一个固定的角度（称为“步距角”），它的旋转是以固定的角度一步一步运行的。可以通过控制脉冲个数来控制角位移量，从而达到准确定位的目的；同时，可以通过控制脉冲频率来控制电机转动的速度和加速度，从而达到调速的目的。步进电机可以作为一种控制用的特种电机，利用其没有积累误差（精度为 100%）的特点，广泛应用于各种开环控制。

步进电机的定子绕组可以是任意相数，常用的有三相制、四相制、五相制和六相制 4 种。根据转子结构，步进电机分为 3 种：反应式步进电机（VR）、永磁式步进电机（PM）和混合式步进电机（HB）。其中以反应式步进电机结构最为简单，应用最广泛。

步进电机相绕组的通电方式通常有单拍方式、双拍方式和单双拍方式 3 种。其转动方向与相绕组的通电次序有关，改变相绕组的通电次序即可以改变其转向，常见的三相（A 相、B 相、C 相）反应式步进电机的转动方向与通电次序的关系如表 4-4 所示。其他相步进电机的转动方向与通电次序的关系可以依此推出。

表 4-4 常见三相反应式步进电机的转动方向与通电次序的关系

通电方式	通电次序	转动方向
单三拍方式	A→B→C→A	正转
	A→C→B→A	反转

续表

通电方式	通电次序	转动方向
双三拍方式	AB→BC→CA→AB	正转
	AC→CB→BA→AC	反转
单双六拍方式	A→AB→B→BC→C→CA→A	正转
	A→AC→C→BC→B→BA→A	反转

三、实验要求

以单片机为核心，设计一个小型步进电机控制系统。利用 74LS273 输出脉冲序列，经驱动后控制步进电机。开关 K1～K6 控制步进电机的转速（6 挡转速），开关 K7、K8 控制步进电机的转向。要求 K1～K6 中任一开关和 K7、K8 中某一开关同时为“1”时步进电机启动，其他情况下步进电机不工作。

四、实验线路

步进电机控制系统电路原理图如图 4-13 所示。P1 口接 8 个电平开关，用于步进电机转速及旋转方向的设定。对步进电机的控制有并行和串行两种方式，本系统采用并行控制，脉冲信号由单片机通过简单并行接口 74LS273 送出。小型步进电机的驱动选用典型集成芯片 ULN2003。

五、实验说明

考虑到步进电机的工作特点，用单片机控制步进电机最为合适。

通过软件编程，单片机可以非常方便地实现步进电机控制的脉冲分配。本设计中小型步进电机驱动电路选用集成芯片 ULN2003，它是高压大电流达林顿晶体管阵列系列产品，具有电流增益高、工作电压高、温度范围宽、带负载能力强等特点，适用于各类要求高速大功率驱动的系统。ULN2003 由 7 组达林顿晶体管阵列和相应的电阻网络以及钳位二极管网络构成，具有同时驱动 7 组负载的能力。为了防止单片机或控制信号等受到后级模拟电路的干扰，设计了光电隔离接口，以便把数字信号和模拟信号隔离开。步进电机选用三相，电流脉冲的施加采用双三拍方式。步进电机控制系统的硬件电路设计框图如图 4-14 所示。

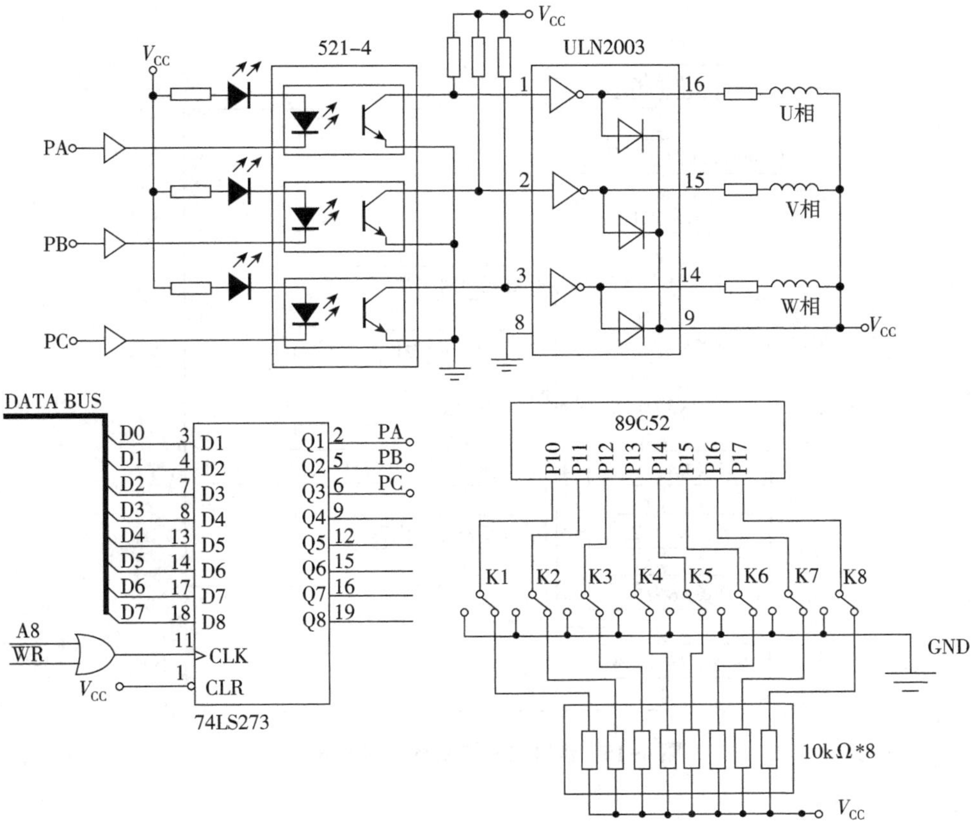

图 4-13 步进电机控制系统电路原理图

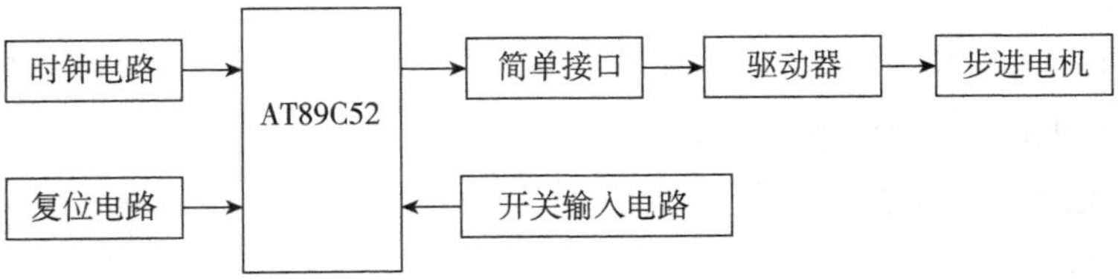

图 4-14 步进电机控制系统的硬件电路设计框图

六、程序框图

步进电机控制系统程序框图如图 4-15 所示。

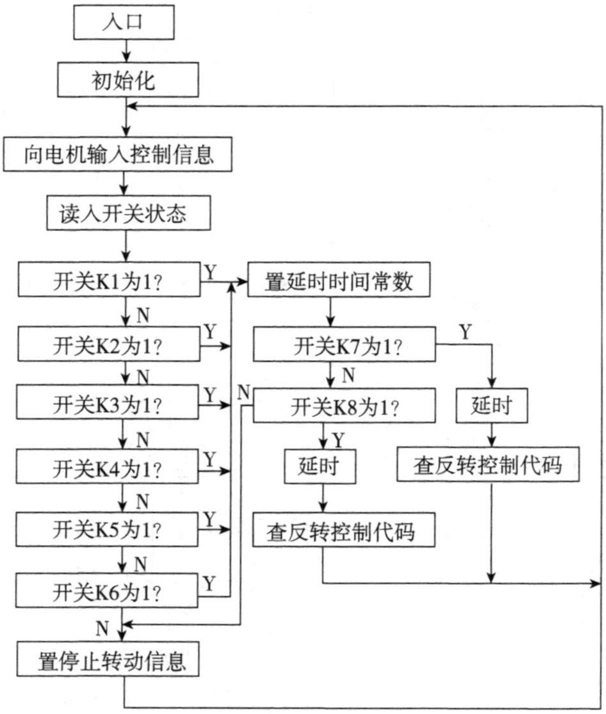

图 4-15　步进电机控制系统程序框图

七、实验程序

汇编程序：

```
        PORT1   EQU   0FE00H
        ORG     0000H
        LJMP    MAIN
        ORG     0010H
MAIN:   MOV     DPTR,#PORT1
        MOV     A,#03H
        MOV     R1,# 00H              ;偏移量初值
BJ1:    MOVX    @ DPTR,A              ;向电机输入控制信息
        MOV     P1,0FFH               ;读入开关状态
        MOV     A,P1
        JB      ACC.0,A0              ;ACC.0 为 1 转 A0
        JB      ACC.1,A1
```

```
        JB      ACC.2,A2
        JB      ACC.3,A3
        JB      ACC.4.A4
        JB      ACC.5,A5
STOP:   MOV     DPTR,# PORT1
        MOV     A,# 00H
        LJMP    BJ1
A0:     MOV     R2,# 08H            ;延时时间常数,其值越大电机转速越慢
SAM:    JB      ACC.6,ZX0           ;ACC.6 为 1 转 ZX0,正转
        JB      ACC.7,NX0           ;ACC.7 为 1 转 NX0,反转
LJMP    STOP
A1:     MOV     R2,# 10H
        LJMP    SAM
A2:     MOV     R2,#18H
        LJMP    SAM
A3:     MOV     R2,#20H
        LJMP    SAM
A4:     MOV     R2,# 40H
        LJMP    SAM
A5:     MOV     R2,#80H
        LJMP    SAM
ZX0:    LCALL   DELAY               ;延时
        INC     R1
        CJNE    R1,#03H,NEXT1
        MOV     R1,#00H
NEXT1:  MOV     A,R1
        ADD     A, #20H
        MOVC    A,@ A+PC            ;查控制代码
        MOV     DPTR,# PORT1
        LJMP    BJ1
NX0:    LCALL   DELAY
        INC     R1
        CJNE    R1,#03H,NEXT2
```

```
        MOV     R1,# 00H
NEXT2:  MOV     A,R1
        ADD     A,# 10H
        MOVC    A,@ A+PC
        MOV     DPTR,#PORT1
        LJMP    BJ1
DELAY:  MOV     R6,# 0A0H
DE1:    DJNZ    R6,DE1
        DJNZ    R2,DELAY
RET
        DB 03H,06H,0CH              ;正转代码表
        DB 03H,05H,06H              ;反转代码表
        END
```

第五章
软件仿真实验

本章主要通过四个实验，掌握单片机仿真软件 Proteus 的使用方法。借助 Proteus 软件可以加快开发的速度，节省制作成本和时间，提升电子产品的开发效率，达到事半功倍的效果。

第一节　信号交通灯控制

一、实验目的

（1）掌握定时器、中断的使用方法。
（2）学习交通灯接口电路的设计方法。
（3）掌握 Proteus 软件与 Keil μVision 软件的使用方法。

二、实验内容

利用 AT89C51 单片机、数码管、发光二极管等设计十字路口交通灯，具有倒计时、功能设置等功能。

三、实验线路

1. 元件清单列表

进入 Proteus ISIS 编辑环境，列出元件清单，添加元件，如表 5-1 所示。

表 5-1　元件清单

元件清单	所属类	所属子类
AT89C51	Microprocessor ICs	8051 Family
CAP	Capacitors	Generic

续表

元件清单	所属类	所属子类
CAP-ELEC	Capacitors	Generic
CRYSTAL	Miscellaneous	Generic
REs	Resistors	Generic
7SEG-MPX2-CC-BLUE	Optoelectronics	7-Segment Displays
POT-LIN	Resisors	Variable
BUTTON	Switches & Relays	Switches
RESPACK-8	Resistors	Generic

2. 电路原理图

元件全部添加完后，在 Proteus ISIS 编辑环境中编辑硬件原理图，如图 5-1 所示。[①]

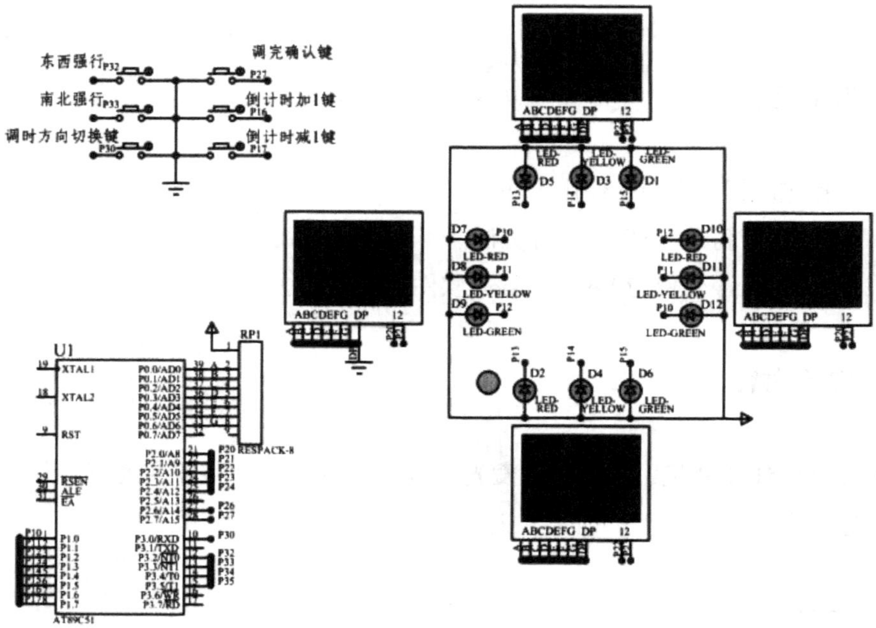

图 5-1　交通灯控制硬件原理图

① 王兵，郝小江，黄昆，廖其龙，曹玉东．单片机原理及应用实验教程［M］. 成都：西南交通大学出版社，2016.

四、实验程序

```
#include <reg51.h>
#include <intrins.h>
#define uchar unsigned char
#define uint unsigned int
sbit  k1=P1^6;
sbit  k2=P1^7;
sbit  k3=P2^7;
sbit  k4=P3^0;
sbit yellowled_nb=P1^4;     //南北黄灯
sbit yellowled_dx=P1^1;     //东西黄灯
uchar code table[11] = {0x3f,0x06,0x5b,0x4f,0x66,0x6d,0x7d,
0x07,0x7f,0x6f,0x00};
uchar data dig;     //位选
uchar data led;     //偏移量
uchar data buf[4];
uchar data sec_dx=39;     //东西数码指示值
uchar data sec_nb=39;     //南北数码指示值
Tachar data set_timedx=39;
uchar data set_timenb=39;          //倒计时设置的键值保存
uchar data b;                      //定时器中断次数
bit time;                          //灯状态循环标志
bit int0_time;                     //中断强行标志
bit set;                           //调时方向切换键标志
void delay(int ms);                //延时子程序
void key();                        //按键扫描子程序
void key_to1();                    //键处理子程序
void key_to2();
void display();                    //显示子程序
void main()
{
```

```
    TMOD = 0X01;
    TH0 = 0X3C;
    TL0 = 0XB0;
    EA = 1;
    ET0 = 1;
    TR0 = 1;
    EX0 = 1;
    EX1 = 1;
    P1 = 0Xf3;                    //东西通行
    while(1)
    {  key();                     //调用按键扫描程序
        displav();                //调用显示程序
    }
}
void key0                         //按键扫描子程序
{
    if(k1! =1)
    {
        delay(10);
        ifk1! =1)
        {
            while(k1! =1);
            key_to1();
        }
    }
if(k2! =1)
{
    delay(10);
    if(k2! =1)
    {
        while(k2! =1);
        key_to2();
    }
```

```
}
 if(k4! =1)
{
   delay(10);
   if(k4! =1)
   {
      while(k4! =1);
      set=Iset;
   }
}
ifk3! =1&&int0.time==1)
{
   TR0=1;                           //启动定时器
   sec_nb-59;
   sec_dx-59;
   int0_fime=0;                     //清标志
}
   else if(k3! -1&&int0_time==0)
   {
   TR0=1;
   sct_timenb=sce.ab;
   set_timedx=sec.dx;               //设置的键值返回保存
   }
}
void display()
{
   bu[1]=sec_dx/10;                 //第 1 位:东西秒十位
   bu[2]=sec_dx% 10;                //第 2 位:东西秒个位
   buf[3]=see_nb/10;                //第 3 位:南北秒十位
   buf(0]=sec_nb% 10;               //第 4 位:南北秒个位
   P0=table[bufled]];
   delay(2);                        //先延时,提前显示一位了
   P2=dig;
```

```
        dig=_crol(dig,1);
        led++;
        if(led==4)
        {led=0;
        dig=0xfe;
        }
    }
    void time0(void)interrupt 1 using 1        //定时中断子程序
    {
        b++;
        if(b==10)                          //定时器中断次数
        {
            b=0;
            sec_dx--;
            sec_nb--;
    /**************南北黄灯闪烁判断**************/
        if(sec_nb==3&&time==0)
            {
            yellowled_nb=1;                //南北黄灯亮
            delay(300);
            yellowled_nb=0;
            }
            if(sec_nb==2&&time==0)
            {
            yellowled_nb=1;                //南北黄灯亮
            delay(300);
            yellowled_nb=0;
            }
            if(sec_nb==I&&time==0)
            {
            yellowled_nb=1;
            delay(300);
            yellowled_nb=0;
```

```
        }
/*************东西黄灯闪烁判断*************/
    ifsec_dx==3&&time==1)
    {
        yellowled_dx=1;              //南北黄灯亮
        delay(300);
        yellowled_dx=0;
    }
        ifsec_dx==2&&time==1)
        {
        yellowled_dx=1;              //南北黄灯亮
        delay(300);
        yellowled_dx=0;
        }
        ifsec_dx==1&&time==1)
        {
        yellowled_dx=1;
        delay(300);
        yellowled dx=0;
        }
ifsec_dx==0||sec_nb==0)         //东西或南北先到达 1 s 时即开始重新计时
        {
            sec_dx=set_timedx;
            sec_nb=set_timenb;    //第一次循环结束重置
            if(ime-=1)
            {
                P1=0XF3;          //东西通行
            }
            else
            {
                Pl=0xde;          //南北通行
            }
            time=! time;          //取反
```

```
        }
    }
}
void key_to1()
{
    TR0=0;                              //关定时器
    if(set==0)
    sec_nb++;                           //南北加 1 s
    else
    sec_dx++;                           //东西加 1 s
    if(sec_nb==100)
        sec_nb=1;
    if(sec_dx==100)
        sec_x=1;                        //加到 100 置 1
}
void key_to2()
{
    TR0=0;                              //关定时器
    if(set==0)
    sec_nb--;                           //南北减 1 s
    else
    sec_dx--;                           //东西减 1 s
    if(sec_nb==0)
        sec_nb=99;
    if(sec_dx==0 )
        sec_dx=99;.                     //减到 0 重置 99
}
void int0(void)interrupt 0 using 1   //东西强行
{
    TR0=0;
    P1=0XF3;
    sec_dx=88;
    sec_nb=88;
```

```
    int0_time=1;
}
Svoid int(void)iterrupt 2 using 1      //南北强行
{
    TR0=0;
    P1=0XDE;
    sec_nb=88;
    sec_dx=88;
    int0_time=1;
}
void delay(int ms)
{
    uint j,k;
    for(j=0;j<ms;j++)
    for(k=0;k<124;k++);
}
```

五、Proteus 调试与仿真

（1）打开 Keil μVision，新建 Keil 项目，选择 AT89C51 单片机作为 CPU，新建汇编源文件，编写程序，并将其导入“Source Group 1”中，在“Options for Target”对话窗口中，选中“Output”选项卡中的“Create HEX File”选项，编译汇编源程序。

（2）在 Proteus ISIS 中，选中 AT89C51 并单击鼠标左键，打开“Edit Component”对话窗口，设置单片机晶振频率为 12 MHz，在此窗口的“Program File”栏中，选择步骤（1）用 Keil 生成的 hex 文件，在 Proteus ISIS 中保存设计。

（3）点击 Proteus ISIS 中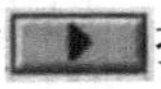按钮，在 Proteus ISIS 界面中，调节电位器，数码管显示的电压值随着电位器的调节实时发生变化，如图 5-2 所示。①

① 王兵，郝小江，黄昆，廖其龙，曹玉东．单片机原理及应用实验教程［M］．成都：西南交通大学出版社，2016.

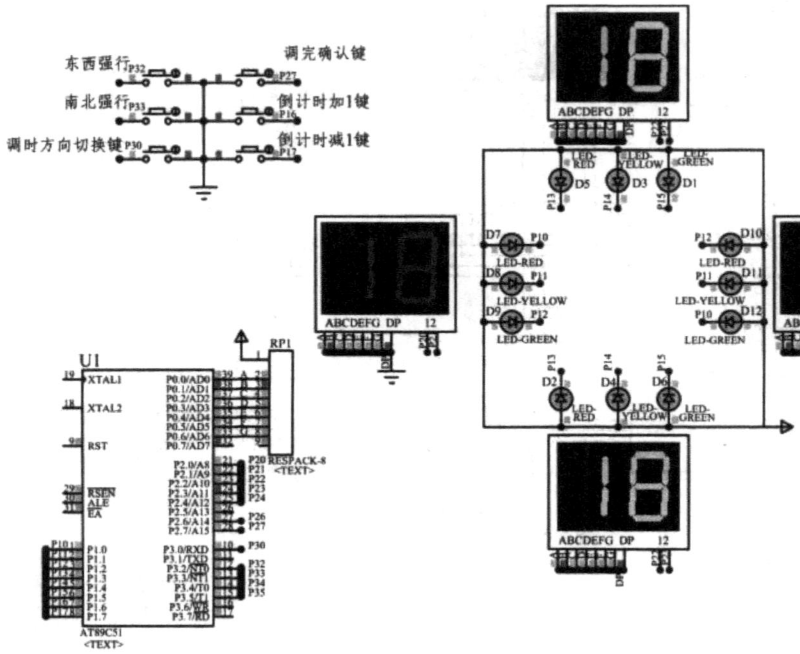

图 5-2 交通灯控制仿真结果

第二节 现代电子密码锁

一、实验要求

利用 AT89C51 单片机设计电子密码锁，由 0~9 十个按键输入密码，单击“Enter”键确认。当输入密码与预设密码一致时，锁开信号灯亮，模拟锁被打开；当密码不一致时要求重新输入，如果三次输入密码不一致，则发出声光报警。具有密码重置功能，重置密码存入串行 EEPROM 芯片 AT24C01 中，掉电后密码不会丢失。

二、实验线路

如图 5-3 所示为电子密码锁的硬件电路图，单片机控制整个密码锁的全部功能。采用 4×4 矩阵键盘，用于密码输入和修改，初始密码按键在系统启动时按下，初始密码设置为 012345。显示器采用无字库 12864 图形液晶模块，密码输入时不显示密码数字，以“＊”代替。为提高密码锁的可靠性，要求掉电后重置密码不会丢失，重置密码储存在串行 EEPROM 芯片 AT24C01 中，若发生三次密码输入错误，通过蜂鸣器和发光二极管进行报警。

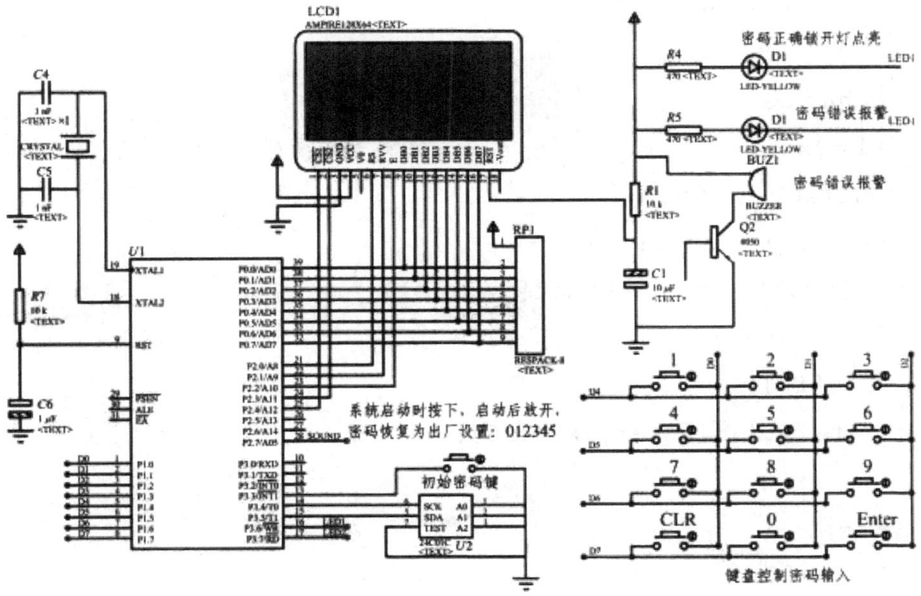

图 5-3 电子密码锁硬件电路图

三、实验程序

电子密码锁软件采用模块化编写，包括主程序模块（main. c）、键盘处理模块（keyinput. h）、液晶显示模块（12864. h）和串行 EEPROM 模块（24C01. h）等。

（1）主程序模块（main. c 程序）

```
#include<reg51.h>
#include< keyinput.h>
#include<12864.h>
#include<24C01.h>
#define uchar unsigned char
#define uint unsigned int
sbit LEDI-P3^6;
sbit LED2=P3^7;
sbit SOUND=P2^7;
sbit INIT=P3^3;
uchar idata key[6]={0,0,0,0,0,0};
uchar idata iic[6]={0,1,2,3,4,5};
```

```
/* * * * * * * * * * * * * * 密码校验函数 * * * * * * * * * * * * * * * * /
void press(uchar * s)
{
    uchar dat;
    P1 = 0xf0;                          //第一位密码
    while(P1 = = 0xf0);
    dat = key_scan();
    if((dat! = 0x0a)&&(dat! = 0x0b))
    {  * s = dat;
      Lefi();
      star_12864(star,0x05,16);
    }
    s++;
    P1 = 0xf0;                          //第二位密码
    while(P1 = = 0xf0);
    dat-key_scan();
    if(dat! = 0x0a)&&(dat! = 0x0b))
    {  * s = dat;
      Left();
      star_12864(star,0x05,24);
    }
    s++;
    P1 = 0xf0;                          //第三位密码
    while(P1 = = 0xf0);
dat = key_scan();
if(dat! = 0x0a)&&(dat! = 0x0b))
{  * s = dat;
  Left();
  star_12864(star,0x05,32);
}
s++;
P1 = 0xf0;                              //第四位密码
while(P1 = = 0xf0);
```

```
dat=akey_scan();
if((dat! =0x0a)&&(dat! =0x0b))
{   *s dat;
  Left();
  star_12864(star,0x05,40);
}
s++;
P1=0xf0;                              //第五位密码
while(P1==0xf0);
dat=akey_scan();
if(dat! =0x0a)&&(dat! =0x0b))
{   *su dat;
  Left();
  star_12864(star,0x05,48);
}
s++;
P1=0xf0;                              //第六位密码
while(P1==0xf0);
dat=key_scan();
if(dat! =0x0a)&&(dat! =0x0b))
{   *s=dat;
  Left();
  star_12864(star,0x05,56);
  }
  do{P1=0xf0;                       //键入 Enter,继续执行下面语句,否则等待
    while(P1==0xf0);
    dat=key_scan();
    }
    while(dat! =0x0b);
}
   /* * * * * * * * * * * * *延时 10 ms 函数* * * * * * * * * * * * * * */
   void Delay10ms(void)     {  uint ijk;
     for(i=5;i>0;--)
```

```
        for(j=4;j>0:j--)
        for(k=248;k>0;k--);
      }
      /**************主函数*******************/
  void main()
      {    uchar dat;
         uchar i=0j=0,k;
         uchar x;
         LED1=1;
         LED2=1;
         SOUND=0;
         INIT=1;
         if(INIT==0)
      //密码初始化，先从 IIC 器件中读出密码,以供下面输入密码时进行比较
         {  x=SendB(iic,0x50,6);
         Delay10ms();
         }
      x=ReadB(iic,0x50,6);
      Init_12864();
      for(i=0;<50;i++){Delay 10ms);}
      do{                               //若密码不正确,循环执行 do{}while()
         LED1=1;
         System();                          //显示:请输入密码
         press(key);
  if((key[0]==ic[0])&&(key[1]==ic[1])&&(key[2]==iic[2])&&(key
[3]==iic[3])&&(key[4])= =ic[4])&&(key[5]==ic[5]))
  //密码比较,若密码正确则进入系统,若密码不正确则显示密码错误,重新输入密码
         {true();
         do{
            P1=0xf0;               //键入 1 或 2 继续执行下面语句,否则等待
            while(P1==0xf0);
            dat=key_scan();
          }
```

```
            while(dat! =0x01&&dat! =0x02);
            if(dat==1)              //开锁
            {    LEDI=0;j=0;
          unlock0);
          for(i=0;i<100;i++){Delay10ms();}
          continue;
        {
        if(dat==2)                  //修改密码
        {    do{
          j=0;
          System();
          press(key);
          again();
          press(iic);
    if((key[0]==ic[0])&&(key[1])==iic[1]&&(key[2]==ic[2])&&(key
[3]==ic[3])&&(key[4]==iic[4])&&(key[5]==ic[5]))
          {    succeed);            //修改密码成功
          for(i=0;i<100;i++){Delay10ms();}
          Delay10ms();
          x=SendB(ie,0x50,6);
          Delay10ms();
          x=ReadB(ic,0x50,6);break;
          }
          else                      //修改密码不成功,重新修改
              {  repeat();
              for(i=0;i<100;i++){Delay 10ms();}
          }        }while(1);
        }
    }
    else{                           //密码不正确,重新输入密码
        j++;
        error();
        if(j==3)
```

```
          {
          for(i=0;i<8;i++)                //三次密码不正确,报警
            {  LED2=0;SOUND=1;
            for(k=0;k<5;k++){Delay10ms);}
            LED2=1;
            for(k=0;k<5;k++){Delay10ms);}
          }
          j=0;
          SOUND=0;
        }
        for(i=0;i<50;i++){Delay 10ms();}
      }
    }while(1);
}
```

（2）键盘处理模块（keyinput. h 程序）

```
#include<absacc.h>
#include<intrins.h>
##define uchar unsigned char
#define uint unsigned int
uchar idata com 1,com2;
/* * * * * * * * * * * * * * 键盘扫描函数* * * * * * * * * * * * * * /
uchar key_scan(){
    uchar temp;
    uchar com;
    P1=0xf0;
    if(P1! =0xf0)
    {  com1=P1;
        P1=0x0f;
        com2=P1;
    P1=0xf0;
      while(P1! =0xf0);
    temp-com1 |com2;
    if(temp==0xee)com=0x01;     //数字
```

```
    if(temp==0xed)com=0x02;
    if(temp==0xeb)com=0x03;
    if(temp==0xde)com=0x04;
    if(temp==0xdd)com=0x05;
    if(temp==0xdb)com=0x06;
    if(temp==0xbe)com=0x07;
    if(temp==0xbd)com=0x08;
    if(temp==0xbb)com=0x09;
    if(temp==0x7e)com=0x0a;      //CLR
    if(temp==0x7d)com=0x00;
    if(temp==0x7b)com=0x0b;      //其代码功能为输入密码结束并确认
    return(com);
      }
```

(3) 液晶显示模块（12864.h 程序）

```
/* * * * * * * * * * * *12864 液晶显示函数* * * * * * * * * * * * * * * * /
#include<absacc.h>
#include <intrins.h>
#define uchar unsigned char
#define uint unsigned int
#define PORT P0
uchar code Num[]=
{                    //32×32 字节的汉字取模,一个汉字 72 字节
0x00,0x00,0x00,0x00,0x 10,0x00,0x00,0x08,
0x00,0x00,0x46,0x00,0x00,0x47,0x00,0xC0,
0x45,0x00,0xF0,0x64,0x1E,0x7E,0xFE,0x1F,
0x4E,0x26,0x0C,0x60,0x32,0x06,0x60,0x32,
0x42,0x00,0x00,0x40,0x30,0x86,0x21,0x70,
0xFF,0x33,0x20,0x03,0x18,0x03,0xD9,0x0F,
0xFF,0xF9,0x03,0x06,0x09,0x04,0x20,0x01,
0x0C,0xB0,0xFF,0x IB,0x1C,0xFF,0x39,0x0C,
0x00,0x00,0x00,0x00,0x08,0x00,0x00,0x08,
0x00,0x00,0x08,0x 10,0x00,0x08,0x 10,0x10,
0x0C,0x08,0x 10,0x0C,0x0E,0x 10,0x84,0x03,
```

```
0xF8,0xFF,0x01,0xF8,0x3F,0x00,0x18,0x06,
0x00,0x18,0x06,0x00,0x 1C,0x06,0x00,0xFC,
0xFF,0x07,0xFC,0xFF,0xFF,0x0C,0x02,0x00,
0x0C,0x03,0x00,0x0C,0x03,0x00,0x00,0x03,
0x00,0x00,0x03,0x00,0x00,0x03,0x00,0x00,
0x03,0x00,0x00,0x02,0x00,0x00,0x00,0x00,     //开+72
};
uchar code Tab[]=
{                          //16×16 字节的汉字取模,一个汉字 32 个字节
0x00,0xF8,0x48,0x48,0x48,0x48,0xFF,0x48,
0x48,0x48,0x48,0xFC,0x08,0x00,0x00,0x00,
0x00,0x07.,0x02,0x02,0x02,0x02,0x3F,0x42,
0x42,0x42,0x42,0x47,0x40,0x70,0x00,0x00,     //电
0x80,0x80,0x82,0x82,0x82,0x82,0x82,0xE2,
0xA2,0x92,0x8A,0x86,0x80,0xC0,0x80,0x00,
0x00,0x00,0x00,0x00,0x00,0x40,0x80,0x7F,
0x00,0x00,0x00,0x00,0x00,0x00,0x00,0x00,     //子+32
0x 10,0x4C,0x24,0x04,0xF4,0x84,.0x4D,0x56,
0x24,0x24,0x14,0x84.0x24,0x54,0x0C,0x00,
0x00,0x01,0xFD,0x41,0x40,0x41,0x41,0x7F,
0x41,0x41,0x41,0x41,0xFC,0x00,0x00,0x00,     //密+64
0x02,0x82,0xF2,0x4E,0x43,0xE2,0x42,0xFA,
0x02,0x02,0x02 ,0xFF,0x02,0x80,0x00,0x00,
0x01,0x00,0x7F,0x20,0x20,0x7F,0x08,0x09,
0x09,0x09,0x0D,0x49,0x81,0x7F,0x01 ,0x00,     //码+96
0x80,0x40,0x 70,0xCF,0x48,0x48,0x00,0xE2,
0x2C,0x20,0xBF,0x20,0x28,0xF6,0x20,0x00,
0x00,0x02,0x02,0x7F,0x22,0x92,0x80,0x4F,
0x40,0x20,0x1F,0x20,0x20,0x4F,0x80,0x00,     //锁+128
0x20,0x22,0xEC,0x00,0x20,0x22,0xAA,0xAA,
0xAA,0xBF,0xAA,0xAA,0xEB,0xA2,0x20,0x00,
0x00,0x00,0x 7F,0x20,0x 10,0x00,0xFF,0x0A,
0x0A,0x0A,0x4A,0x8A,0x7F,0x00,0x00,0x00,     //请+160
```

```
0x88,0x68,0x1F,0xC8,0x0C,0x28,0x90,0xA8,
0xA6,0xA1,0x26,0x28,0x 10,0xB0,0x 10,0x00,
0x09,0x09,0x05,0xFF,0x05,0x00,0xFF,0x0A,
0x8A,0xFF,0x00,0x 1F,0x80,0xFF,0x00,0x00,      //输+192
0x00,0x00,0..,0x00,0x00,0x01,0xE2,0xIC,
0xE0,00,0x00,0x00,0x00,0x00,0x00,0x00,
0x80,0x40,0x20,0x 10,0x0C,0x03,0x0,0x00,
0x00,0x03,0x0C,0x30,0x40,0xC0.0x40.0x00,      //入+224
0x0,0x00,0,0x00,0x00,0x00,0x00,0x00,
0x00,0x00,00,0x00,0x00,0x00,0x00,0x00,
0x0,0x0,033,033,0x00,0x00,0x00,0x00,
0x00,0x00,0x00,0x00,0x00,0x00,0x00,0x00,      //:+256
0x80,0x40,0x70,0xCF,0x48,0x48,0x48,0x48,
0x7F,0x48,0x48,0x7F,0xC8.0x68,0x40,0x00,
0x00,0x02,0x02,0x7F,0x22,0x 12,0x00,0xFF,
0x49,0x49,0x49.0x49.0xF.0x01.00.0x00,         //错+288
0x40,0x42,0xC4,0x0C,0x00,0x40,0x5E,0x52,
0x52,0xD2,0x52,0x52,0x5F,0x42,0x00,0x00,
0x00,0x00,0x7F,0x20,0x 12,0x82,0x42,0x22,
0x1A,0x07,0x1A,0x22,0x42,0xC3,0x42,0x00,      //误+320
0x08,0x08,0x0A,.0xEA,0xAA,0xAA,0xAA,0xFE,
0xAA,0xAA,0xA9,0xF9,0x29,0x0C,0x08,0x00,
0x40,0x40,0x48,0x4B,0x4A,0x4A,0x4A,0x7F,
0x4A,0x4A,0x4A,0x4B,0x48,0x60,0x40,0x00,      //重+352
0x40,0x44,0x54,0x65,0xC6,0x64,0xD6,0x44,
0x40,0xFC,0x44,0x42,0xC3,0x62,0x40,0x00,
0x20,0x11,0x49,0x81 ,0x7F,0x01,0x05,0x29,
0x 18,0x07,0x00,0x00,0xFF,0x00,0x00,0x00,     //新+384
0x40,0x42,0x44,0xCC,0x00,0x60,0x5E,0x48,
0xC8,0x7F,0xC8,0x48,0x4C,0x68,0x40,0x00,
0x00,0x40,0x20,0x IF,0x20,0x60,0x90,0x8C,
0x83,0x80,0x8F,0x90,0x90,0xD0,0xSC,0x00,      //选+416
0x 10,0x 10,0x 10,0xFF,0x90,0x50,0x82,0x46,
```

```
0x2A,0x92,0x2A,0x46,0x82,0x80,0x80,0x00,
0x02,0x42,0x8 1,0x7F,0x00,0x09,0x08,0x09,
0x09,0xFF,0x09,0x09,0x0C,0x09,0x00,0x00,      //择+448
0x80,0x82,0x82,0x82,0xFE,0x82,0x82,0x82,
0x82,0x82,0xFE,0x82,0x83,0xC2,0x80,0x00,
0x00,0x80,0x40,0x30,0x0F,0x00,0x00,0x00,
0x00.0x00,0xFF,0x00,0x00,0x00,0x00,0x00,      //开+480
0x40,0x20,0xF8,0x07 ,0xF0,0xA0,0x90,0x4F,
0x54,0x24,0xD4,0x4C,0x84,0x80,0x80,0x00,
0x00,0x00,0xFF,0x00,0x0F,0x80,0x92,0x52,
0x49,0x25,0x24,0x I2,0x08,0x00,0x00,0x00,     //修+512
0x04,0xC4,0x44,0x44,0x44,0xFE,0x44,0x20,
0xDF,0x 10,0x 10,0x 10,0xF0,0x 18,0x 10,0x00,
0x00,0x7F,0x20,0x20,0x 10,0x90,0x80,0x40,
0x21,0x16,0x08,0x 16,0x61,0xC0,0x40,0x00,     //改+544
0x00,0x02,0x02,0xF2,0x92,0x92,0x92,0xFE,
0x92,0x92,0x92,0xFA,0x13,0x02,0x00,0x00,
0x04,0x04,0x04,0xFF,0x04,0x04,0x04,0x07,
0x04,0x44,0x84,0x7F,0x04,0x06,0x04,0x00,      //再+576
0x00,0x02,0x04,0x8C,0x40,0x00,0x20,0x18,
0x17,0xD0,0x 10,0x50,0x38,0x 10,0x00,0x00,
0x02,0x02,0xFF,0x00,0x80,0x40,0x20,0x 10,
0x0C,0x03,0x0C,0x 10,0x60,0xC0,0x40,0x00,     //次+608
0x04,0x84,0xE4,0x9C,0x84,0xC6,0x24,0xF0,
0x28.0x27,0xF4,0x2C,0x24,0xF0,0x20,0x00,
0x01,0x00,0x7F,0x20,0x20,0xBF,0x40,0x3F,
0x09,0x09,0x7F,0x09,0x89,0xFF,0x00,0x00,      //确+640
r0x40,0x42,0x44,0xCC,0x00.,0x00,0x00,0x00,
0xC0,0x3F,0xC0,0x00,0x00,0x00,0x00,0x00,
0x00,0x00,0x00,0x3F,0x90,0x48,0x30,0x0E,
0x01 ,0x00,0x01,0x0E,0x30,0xC0,0x40,0x00,     //认+672
0x00,0x00,0xF,0x88,0x88,0x88,0x88,0x08,
0x7F,0x88,0x0A,0x0C,0x08,0xC8,0x00,0x00,
```

```
0x40,0x20,0x IF,0x00,0x08,0x 10,0x0F,0x40,
0x20,0x13,0x IC,0x24,0x43,0x80,0xF0,0x00,     //成+704
0x08,0x08,0x08,0xF8,0x0C,0x28.0x20,0x20,
0xFF,0x20,0x20,0x20,0x20,0xF0,0x20,0x00,
0x08,0x1 8,0x08,0x0F,0x84,0x44,0x20,0x1C,
0x03,0x20,0x40,0x80,0x40,0x3F,0x00,0x00,     //功+736
0x00,0x00,0x00,0x00,0x00,0x00,0x08,0xF8,
0xFC,0x00,0x00,0x00,0x00,0x00,0x00,0x00,
0x00,0x00,0x00,0x00,0x00,0x00,0x20,0x3F,
0x3F,0x20,0x00,0x00,0x00,0x00,0x00,0x00,     //1+768
0x00,0x00,0x00,0x00,0x30,0x38,0x0C,0x04,
0x04,0x0C,0xF8,0xF0,0x00,0x00,0x00,0x00,
0x00,0x00,0x00,0x00,0x20,0x30,0x38,0x2C,
, )x26,0x23,0x21,0x38,0x00,0x00,0x00,0x00,    //2+800
};
uchar code star[]={0x00,0x08,0x2A,0xIC,0xIC,0x2A,0x08,0x00,};
                                    //输入密码时显示的*号
sbit RS=P2^0;
sbit RW=P2^1;
sbit E=P2^2;
sbit CS2=P2^3;
sbit CS1=P2^4;
sbit bflag=P0^7;
/**************选左半屏函数**************/
void Left()
{
CS1=0;CS2=1;
}
/*************选右半屏函数************/
void Right()
{
CS1=1;CS2=0;
}
```

```
/* * * * * * * * * * * * * * 判忙函数 * * * * * * * * * * * * * */
void Busy_12864()
{
do{
    E=0;RS=0;RW=1;
    PORT=0xff;
    E=1;E=0;
    }
    while(bflag);
}
/* * * * * * * * * * * * * * 命令写入函数 * * * * * * * * * * * * */
void Wreg(uchar c)
{
Busy_12864();
RS=0;RW=0;
PORT=c;
E=1;E=0;
}
/* * * * * * * * * * * * * 数据写入函数 * * * * * * * * * * */
void Wdata(uchar c){
Busy_12864();
RS=1;RW=0;
PORT=c;
E=1;E=0;
}
//* * * * * * * * * * * * 首页函数 * * * * * * * * * * * /
void Pagefirst(uchar c)
{
uchar i;
i=c;
c=i|0xb8;
Busy_12864();Wreg(c);
}
```

```
/*************首行函数*************/
void Linefirst(uchar c)
{
   uchar i;
   i=c;
   c=i|0x40;
   Busy_12864();
   Wreg(c);
}
/*************清屏函数**************/
void Ready_128640
{
   uint ij;
   Left();
   Wreg(0x3f);
   Right();
   Wreg(0x3f);
   Left();
   for(i=0;i<8;i++)
     {
   Pagefirst(i);
   Linefirst(0x00);
   for(j=0;j<64;j++){Wdata(0x00);}
     }
}
/************16×16 汉字显示函数*********/
void Display(uchar *s,uchar page,uchar line)
{
uchar ij;
Pagefirst(page);
Linefirst(line);
for(i=0;i<16;i++){Wdata(*s);s++;}
Pagefirst(page+1);
```

```
Linefirst(line);
for(j=0;j<16;j++){Wdata(*s);s++;}
}
/*********24×24 汉字显示函数**********/
void Display_32(uchar *s,uchar page,uchar line)
{
    uchar ij;
    for(i=0;i<24;i++)
    {
      for(j=0:j<3;j++)
      {
      Pagefrt(pagetj);
      Linefrst(line+i);
      Wdata(*s);
      s++;
      }
    }
}
/********星号显示函数**********/
void star_12864(uchar *s,uchar page,uchar line)
{
    uchar i;
    Pagefirst(page);
    Linefirst(line);
    for(i=0;i<8;i++){Wdata(*s);s++;}
}
/**********画线函数**********/
void point_12864(uchar page,uchar line)
{
    uchar i;
    Pagefirst(page);
    Linefirst(line);
    for(i-0;<56;++){Wdata(0xle);}
```

```
}
/* * * * * * * * * * 初始化函数 * * * * * * * * * * /
void Init_12864()
{
Ready_12864();
Lef();
point_12864(0x03,8);
Display(Tab,0x04,16);
Display(Tab+32,0x04,32);
Display(Tab+64,0x04,48);
Right();
point_12864(0x03,0);
Display(Tab+96,0x04,0);
Display(Tab+128,0x04,16);
}
/* * * * * * * * * * 显示请输入密码函数 * * * * * * * * * * * /
void System()
{
    Ready_128640);
    Left();
    Display(Tab+160,0x02,16);
    Display(Tab+192,0x02,32);
    Display(Tab+224,0x02,48);
    point_12864(0x04,8);
    Right();
    Display(Tab+64,0x02,0);
    Display(Tab+96,0x02,16);
    Display(Tab+256,0x02,32);
    point_12864(0x04,0);
}
/* * * * * * * * * 显示密码错误函数 * * * * * * * * * /
void error()
{
```

```
    Ready_128640);
    Left();
    Display(Tab+64,0x02,32);
    Display(Tab+96,0x02,48);
    Display(Tab+352,0x04,16);
    Display(Tab+384,0x04,32);
    Display(Tab+192,0x04,48);
    Right();
    Display(Tab+288,0x02,0);
    Display(Tab+320,0x02,16);
    Display(Tab+224,0x04,0);
    Display(Tab+64,0x04,16);
    Display(Tab+96,0x04,32);
}
/* * * * * * * * * * 显示选择 1 开锁,2 修改密码函数 * * * * * * * * * */
void true()
{
    Ready_128640);
    Left();
    Display(Tab+160,0x00,0);
    Display(Tab+416,00,16);
    Display(Tab+448,0x00,32);
    Display(Tab+256,0x00,48);
    Display(Tab+768,0x03,0),
    Display(Tab+480,0x03,16);
    Display(Tab+128,0x03,32);
    Display(Tab+800,0x06,0);
    Display(Tab+512,0x06,16);
    Display(Tab+544,0x06.,32);
    Display(Tab+64,0x06,48);
    Right();
    Display(Tab+96,0x06,0);
}
```

```
/*********显示开锁画面函数***********/
void unlock()
{
    Ready_12864();
    Lef();
    Display_32(Num,0x03,20);
    point_12864(0x02,8);
    point_12864(0x06,8);
    Right();
    Display _32(Num+72,0x03,20);
    point_12864(0x02,0);
    point_12864(0x06,0);
}
/**********显示请再次输入密码函数**********/
void unlock()
{
    Ready_12864();
    Left();
    Display_32(Num,0x03,20);
    point_12864(0x02,8);
    point_12864(0x06,8);
    Right();
    Display_32(Num+72,0x03,20);
    point_12864(0x02,0);
    point_12864(0x06,0);
}
/*********显示请再次输入密码函数**********/
void again()
{
    Ready_12864();
    Lef();
    Display(Tab+160,0x00,0);
    Display(Tab+576,0x00,16);
```

```
    Display(Tab+608,0x00,32);
    Display(Tab+192,0x00,48);
    Right();
    Display(Tab+224,0x00,0);
    Display(Tab+64,0x00,16);
    Display(Tab+96,0x00,32);
    Display(Tab+256,0x00,48);
}
/**********显示密码确认错误函数**********/
void repeat()
{
    Ready_12864();
    Left();
    Display(Tab+64,0x02,16);
    Display(Tab+96,0x02,32);
    Display(Tab+640,0x02,48);
    Display(Tab+160,0x04,16);
    Display(Tab+352,0x04,32);
    Display(Tab+384,0x04,48);
    Right();
    Display(Tab+672,0x02,0);
    Display(Tab+288,0x02,16);
    Display(Tab+320,0x02,32);
    Display(Tab+512,0x04,0);
    Display(Tab+544,0x04,16);
    Display(Tab+64,0x04,32);
    Display(Tab+96,0x04,48);
}
/*********显示修改密码成功函数***********/
void succeed()
{
    Ready_128640);
    Left();
```

```
    Display(Tab+512,0x02,16);
    Display(Tab+544,0x02,32);
    Display(Tab+64,0x02,48);
    Right();
    Display(Tab+96,0x02,0);
    Display(Tab+704,0x02,16);
    Display(Tab+736,0x02,32);
}
```

AT24C01 读/写模块程序:

```
#include<absacc.h>
#include<intrins.h>
#define uchar unsigned char
#define uint unsigned int
#define AddWr 0xa0
#define AddRd 0xal
#define_Nop_nop_
bit ack;
sbit SCL=P3^4;
sbit SDA-P3^5;
/*********启动 IIC 器件函数*********/
void Start()
{
SDA=1;
_Nop();
SCL=1;
_Nop();_Nop();Nop);_Nop();_Nop();
SDA=0;
_Nop();Nop();Nop();_Nop();
SCL=0;
_Nop();_Nop();
}
/*********停止 IIC 器件函数*********/
void Stop()
```

```
{
    SDA=0;
    _Nop0;
    SCL=1;
    _Nop();_Nop();_Nop();_Nop();_Nop();
    SDA=1;
    _Nop();_Nop();_Nop();_Nop();_Nop();
}
/*********检查 IIC 器件的回复函数*********/
void Cack(bit a)
{    if(a==0)SDA=0;
    else SDA=1;
    _Nop();_Nop();_Nop();
    SCL=1;
    _Nop();_Nop();_Nop();Nop();_Nop();
    SCL=0;
    _Nop();_Nop();
}
/********IIC 器件的单字节写入函数********/
void Send(uchar c)
{                               //向 IIC 器件写入一个字节,若有回复,ack=1
uchar i;
for(i=0;i<8;i++)
  {  if(c&0x80)SDA=1;
    else SDA=0;
    _Nop();
    SCL=1;
    _Nop();_Nop();_Nop();_Nop();_Nop();
    SCL=();     c=c<<1;
  }
_Nop();_Nop();
SDA=1;
_Nop();_Nop();
```

```
SCL=1;
_Nop();_Nop();_Nop();
if(SDA==1)ack=0;
else ack=1;
SCL=0;
_Nop();_Nop();
}
/********IIC 器件的多字节写入函数********/
bit SendB(uchar *s,uchar Address,uchar Number)
{
    uchar i;                        //向 IIC 器件发送多个字节,成功返回 1
    Start();
    Send(AddWr);
    if(ack==0)return(0);
    Send(Address);
    if(ack==0)return(0);
    for(i=0;i<Number;i++)
      {  Send(*s);
        if(ack==0)return(0);
        s++;
      }
    Stop();
    return(1);
}
/*********IIC 器件的单字节读取函数********/
uchar Read()
{                    //从 IIC 器件读一个字节的内容并返回所读的数据
    uchar temp;
    uchar i;
    temp=0;
    SDA=1;
    for(i=0;i<8;i++)
    {
```

```
      _Nop0;
      SCL=0;
      _Nop();_Nop();_Nop();_Nop();_Nop();
      SCL=1;
      _Nop();_Nop();
      temp=temp<<1;
      if(SDA==1)temp++;
      _Nop();_Nop();
    }
    SCL=0;
    _Nop();_Nop();
    return(temp);
}
/**********IIC 器件的多字节读取函数**********/
bit ReadB(uchar *s,uchar Address,uchar Number)
{
    uchar i;              //从 IIC 器件读出多个字节,并将所读的数据存入数组
    Start();
    Send(AddWr);
    if(ack==0)return(0);
    Send(Address);
    if(ack==0)return(0);
    Start();
    Send(AddRd);
    if(ack==0)return(0);
    for(i=0;i<Number;i++)
    {
      *s=Read();
      Cack(0);
      s++;
    }
    *s=Read();
    Cack(1);
```

```
    Stop();
    return(1);
}
```

第三节 数字温度测量

一、实验要求

采用STC89C51单片机和数字温度传感器DS18B20设计单总线多点测温系统，测温范围-55~125 ℃，测量精度为0.01 ℃。采用主从机模式，从机8个DS18B20都接在单片机的P1.1口上，测量温度值，通过RS232串口传输数据给主机，在主机上采用液晶显示器分时显示当前各点温度监测值和DS18B20的序号。单片机P3口接8个开关，与右边的DS18B20编号对应。想看哪一点处的温度就按下对应按键（点击key右边的小红点，按一下弹下，再按一下弹起）。只能有一个按键按下，当有多个按键按下时，屏幕上显示“Please press one key only!”。

单总线采用单根信号线，既传输时钟又传输数据，而且数据传输是双向的，它具有节省I/O口线资源、结构简单、成本低廉、便于总线扩展和维护等诸多优点。

二、实验线路

多点温度监测传输系统电路如图5-4所示。主要包括单片机、8个DS18B20温度传感器、液晶显示器、串口通信等。

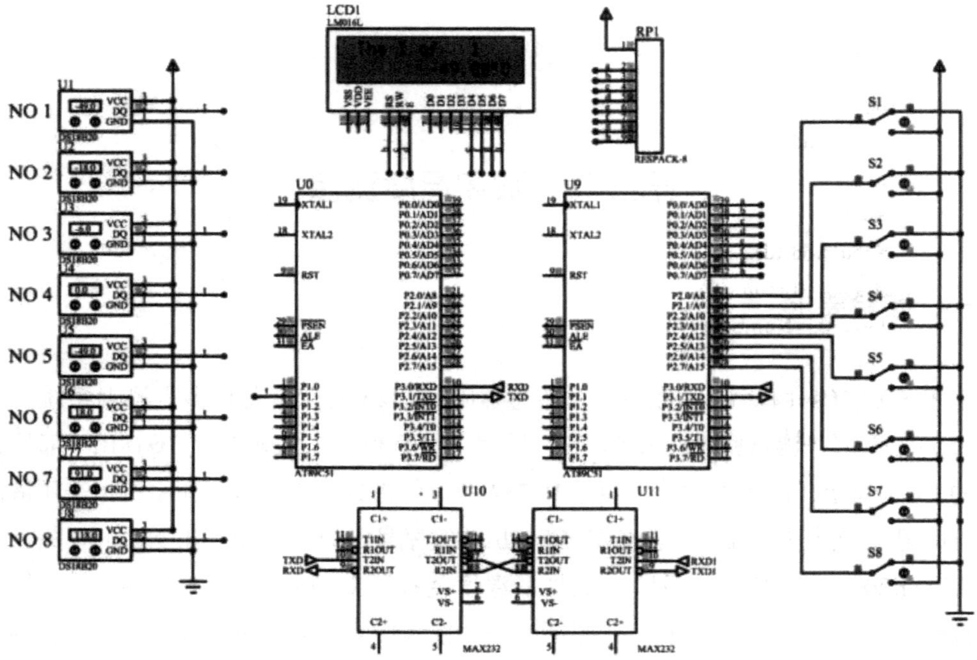

图 5-4 多点温度监测传输系统硬件电路图

三、实验程序

多点温度监测传输系统采用 C51 编写，在主函数中进行 ROM 搜索，检测 DS18B20。当检测到单总线上的 DS18B20 时，执行搜索算法，检测每个 DS18B20 的 ROM 序列号，同时发出温度转换命令和读温度命令，完成温度测量。通过串口通信把测得值传输给主机，在主机上用 LCD1602 液晶显示器显示各个 DS18B20 的温度值。

（1）多点温度采集，测温从机主程序（main. c）

```
#include<reg51.h>
#include<xuanze.h>
#include<chuankou.h>
unsigned long i,t;
Unsigned char TempBuffer[10],b[4];        //串口通信的 buffer
void jiancec()                            //初始化,即检测是否存在 DS18B20
{unsigned char k=0;
loop:DS=1;
    DS=0;                                 //主机将总线从高电平拉到低电平
```

```
    de(100);                        //持续 400~960 μs
    DS=1;          //释放总线
    del(10);    //DS18B20 检测到总线上升沿后,等待 15~60 μs 后发低电平
    k=DS;
    de(20);                         //低电平持续 60~240 μs
    if(k==1)                //60~240 μs 内若为高电平则要重新检测
    goto loop;
}
read()                              //从 DS18B20 中读出数据
{unsigned char i;
  unsigned long date=0;
  for(i=0;i<16;i++)
  {DS=0;                  //主机在某一时刻将总线从高电平拉到低电平
    date>>=1;
DS=1;
  del(3);                 //保持 15 μs 将总线拉到高电平,产生读时间隙
    if(DS)
    date|=0x8000;
    del(8);                         //读数据需要持续 35~60 μs
    }
    return(date);
}
void Delay Ims(unsigned int count)
{
unsigned int ij;
for(i=0;i<coun;i++)
for(j=0;j<120j++);
}
void main()
{ unsigned long flag=0;
InitCom(5);        //设定串行口工作方式(晶振 11.0592 MHz,波特率 4800)
for(i=0);i<4;i++)                   //字符串初始化
b[i]=0xff;
```

```
    while(1)
    {
    if(RI)                                  //从串口接收数据(必须为 4 位字符串)
    {
    ComlnStr(&b);                           //暂存接收到的数据
        k=b[0];
        jiance();                           //对 DS18B20 初始化
        matchrom();
        write(0x44);                        //启动温度变换
        del(100);
        jiance();
        matchrom();
        if(f==1)
        { f=0;Delaylms(30);}                //扫描延时
        else
        {write(0xbe);                       //读暂存存储器
        t=read();
        b[0]=k;
        b[1]=t/256%256;
        b[2]=t%256;
        b[3]=b[0]^b[1]^b[2];
        ComOutStr(&b);                      //发送命令码到串口
        }
      }
    }
}
```

(2) 选择温度传感器 (Xuanze. h)

```
#ifndef_XUANZE_H_
#define_XUANZE_H_
unsigned char k,f=0;
sbit DS=P1^1;
void del( int count)                    //延时程序
{while(count--);}
```

```
void delay(unsigned int count)    //延时程序
{int p;
while(count--)
for(p=0;p<125;p++);
}
void write(unsigned char date)    //向 DS18B20 中写入数据
{inti;
 for(i=0;i<8;i++)  //由于是单总线每次只能写一位,一个字节需循环 8 次
 {DS=0;    //主机在某一时刻将总线从高电平拉到低电平,产生写时间隙
 DS=date&0x01;       //写入数据
 del(15);
 //写入数据要 15 μs, DS18B20 对数据采样需要 15~60 μs,共需 35~70 μs
 DS=1;
 date>>=1;  }
}
void matchrom()                   //匹配 ROM 18B20 寻址
{switch(k)
{  case 0:f=1;break;
case 1:    {                      //NO 1
       write(0x55);
       write(0x28);
       write(0x30);
       write(0xc5);
       write(0xb8);
       write(0x00);
       write(0x00);
       write(0x00);
       write(0x8e);}break;
case 2:{                          //NO 2
       write(0x55);
       write(0x28);
       write(0x31);
       write(0xc5);
```

```
            write(0xb8);
            write(0x00);
            write(0x00);
            write(0x00);
            write(0xb9);}break;
    case 4:{                              //NO 3
            write(0x55);
            write(0x28);
            write(0x32);
            write(0xc5);
            write(0xb8);
            write(0x00);
            write(0x00);
            write(0x00);
            write(0xe0);}break;
    case 8:{                              //NO 4
            write(0x55);
            write(0x28);
            write(0x33);
            write(0xc5);
            write(0xb8);
            write(0x00);
            write(0x00);
            write(0x00);
            write(0xd7);}break;
    case 16:{                             //NO 5
            write(0x55);
            write(0x28);
            write(0x34);
            write(0xc5);
            write(0xb8);
            write(0x00);
            write(0x00);
```

```
        write(0x00);
        write(0x52);}break;
        write(0x00);
        write(0x00);
        write(0x52);}break;
case 32:{                          //NO 6
        write(0x55);
        write(0x28);
        write(0x35);
        write(0xc5);
        write(0xb8);
        write(0x00);
        write(0x00);
        write(0x00);
        write(0x65);}break;
case 64:{                          //NO 7
        write(0x55);
        write(0x28);
        write(0x36);
        write(0xc5);
        write(0xb8);
        write(0x00);
        write(0x00);
        write(0x00);
        write(0x3c);}break;
case 128:{                         //NO 8
        write(0x55);
        write(0x28);
        write(0x37);
        write(0xe5);
        write(0xb8);
        write(0x00);
        write(0x00);
```

```
        write(0x00);
        write(0x0b);} break;
    default:  f=1;break;
    }
}
#endif
```

(3) 串口通信程序 (chuankou. h)

```
sbit TR=P3^2;
void InitCom(unsigned char BaudRate);       //串口初始化
void ComOutChar(unsigned char OutData);  //输出一个字符
void ComOutStr(unsigned char *Str);       //输出字符串
unsigned char ComlnChar();                   //接收一个字符
void ComInStr(unsigned char *Str);        //接收定长字符串
//串口初始化,晶振为 11.0592 MHz,方式 1 波特率 300~57600
void InitCom(unsigned char BaudRate)
{
unsigned char THTL;
switch(BaudRate)
{
case 1:THTL=64;break;                        //波特率 300
case 2:THTL=160;break;//600
case 3:THTL=208;break;//1200
case 4:THTL=232;break;2400
case 5:THTL=244;break;/4800
case 6:THTL=250;break;//9600
case 7:THTL=253;break;//19200
case 8:THTL=255;break;//57600
default:THTL=243;                    //晶振为 12 MHz,波特率 4800
}
SCON=0x50;                          //串口方式 1,允许接收
TMOD=0x20;                          //定时器 1 定时方式 2
TCON=0x40;                          //设定时器 1 开始计数
TH1=THTL;
```

```
TLI=THTL;
PCON=0x80;                          //波特率加倍控制,SMOD 位
RI=0;                               //清收发标志
TI=0;
TR1=1;                              //启动定时器
//向串口输出一个字符(非中断方式)
void ComOutChar(unsigned char OutData)
{
SBUF=OutData;                       //输出字符
while(! TI);                        //空语句判断字符是否发完
TI=0;                               //清 T1
}
//向串口输出一个字符串(非中断方式)
void ComOutStr(unsigned char * Str)
{
//while( * Str ! =0x00)             //判断是否到了字符串的尾部
   unsigned int i=0;
   unsigned char sum=0xf;
   TR=0;                            //485 发
   for(i=0;i<4;i++)
   {
     SBUF= * Str;                   //输出字符
     while(! TD);                   //空语句判断字符是否发完
     TI=0;                          //清 TI
     sum=sum/* Str;
     Str++;                         //字符串指针加 1
   }
//ComOutChar(sum);
//ComOutEnter();
  TR=I;
}
//从串口接收一个字符(非中断方式)
unsigned char ComInChar()
```

```
{
    unsigned char InData;
    while(! RI);                    //空语句判断字符是否收完
    InData=SBUF;                    //保存 COM 缓冲字符
    RI=0;                           //清 RI
    return(InData);                 //返回收到的字符
}
```

//从串口接收一个定长字符串(非中断方式,只用于需有一个字符的 idata 字符串数组)

```
void ComlnStr(unsigned char *Str)
{ unsigned int i=0;
    for(i=0;i<4;i++)
    {
    while(! RI);                    //空语句判断字符是否收完
    *Str=SBUF;                      //保存字符
    RI=0;                           //清 RI
    Str++;                          //字符串指针加 1
    }
}
```

(4) 多点温度采集,测温主机主程序 (main. c)

```
#include <reg51.h>
#include "LCD1602.h"
#include "chuankou.h"
#include "math.h"
unsigned long i,t,n;
C unsigned char Tempuffer[10],b[4].k;     //串口通信的 buffer
unsigned long flag=0;
void Delaylms(unsigned int count)
{
    unsigned int ij;
    for(i=0;i<count;i++)
    for(j=0j<120:j++);
}
```

```
void temp_to_str()                          //温度数据转换成液晶字符显示
{
   TempBuffer[1]=10000+0;                    //百位
   TempBuffer[2]=/1000%10+'0';               //十位
   TempBuffer[3]=/100%10+'0';                //个位
   TempBuffer[4]='.';                        //小数点
   TempBuffer[S]=(t%100)/10+'0';             //十分位
   TempBuffer[6]=t%10+'0';                   //百分位
   TempBuffer[7]=0xdf;                       //温度符号
   TempBuffer[8]='C';
   TempBuffer[9]='\0';
   if(TempBfer[1=='0')                       //消零显示
   {TempBuffer[1]=TempBuffer[0];
   TempBuffer[(0]='';
   if(TempBufier[2]=='0')
   {TempBufer[2]=TempBuffer[1];
      TempBuffer[1]='';
   }
  }
}
void show_temp()                        //液晶显示程序
{temp.to_str();                         //温度数据转换成液晶字符
  LCD_PutStr(TempBuffer,23);            //显示温度
  Delay lms(20);                        //扫描延时
}
void gyf(unsigned long n)
{unsigned long k=0;
  if(RI)                                //从串口接收数据(必须为 4 位字符串)
{ComInStr(&b);}                         //暂存接收到的数据
k=n;
LCD_PutStr("TheTof ",1);                //在液晶上显示字母
n=log(n)log(2)+1;
LCD_PutNum(n,0,12);
```

```
Delay1ms(300);                          //扫描延时
b[0]=k;
ComOutStr(&b);                          //发送命令码到串口
i=0;
while(! RI)                             //等待接收数据
{DelayIms(1);
if(i=50)
break;
else
i++;
}
ComInStr(&b);                           //暂存接收到的数据
if(b[0]==k)
{t=b[1]<<8;
t=t |b[2];
}
//t=b[1]*256+b[2];
    flag-t&0x8000;                      //对读取的数据进行处理
    if(flag==0x8000)
    {  t=~t;
    t=t+1;
    t=t*25;
    t>>=2;
    TempBuffer[0]='-';
}
else
{  t=t*25
    t>>2;
    TempBuffer[0]='';
    }
    show_temp();
    }
void main()
```

```
{LCD_init();                      //液晶初始化
InitCom(5);    //设定串行口工作方式(晶振 11.0592 MHz,波特率 57600)
for(i=0;i<4;i++)                  //字符串初始化
b[i]=0xff;
while(1)
{k=P2;
switch(k)
  {
    case 0:{n=1;
        while(n<129)
        {gyf(n);
        Delay1ms( 1000);
        k=P2;
        if(k! =0)
        break;
          n<<=1;
        }
      }
    case 1:{n=1;
        gyf(n);
    break;
    }
case 2:{n=2;
    gyf(n);
    break;
    }
case 4:{n=4;
    gyf(n);
    break;
    }
case 8:{n=8;
    gyf(n);
    break;
```

```
    }
case 16:{n=16;
    gyf(n);
    break;
    }
case 32:{n=32;
    gyf(n);
    break;
        }
case 128:{n=128;
    gyf(n);
    break;
    }
    default:{LCD_PutStr("ONE KEY ONCE   ",1);
            LCD_PutStr("    ",20);
            break;
        }
    } //switch
} //while
} //main
/* 液晶 LCD1602C 使用 4 条数据线(D4~D7)
LCD 引脚定义
  1——GND
  2——VCC
  3——VO
  4——RS
  5——RW
  6——EN
  7~14——D0~D7
  15——背景灯+
  16——背景灯-
------------------------------------*/
#include <intrins.h>
```

```
#define LCD_DATA P0
sbit LCD1602_RS=P0^1;
sbit LCD1602_RW=P0^2;
sbit LCD1602_EN=P0^3;
/*--------------------函数说明-----------------*/
void LCD_init(void);
void LCD_en.write(void);
void LCD_write_command(unsigned char command);
void LCD_write_data(unsigned char Recdata);
void LCD.set.xy(unsigned char x, unsigned char y);
void LCD_write_string(unsigned char X,unsigned char Y,unsigned
char *s);
void LCD_write_char(unsigned char X,unsigned char Y,unsigned char
Recdata);
void delay_.nus(unsigned int n);
void delay_nms(unsigned int n);
void delay_1us(void)                //1 μs 延时函数
    {_nop._0;}
void delay_nus(unsigned int n)      //n μs 延时函数
    { unsigned int i=0;
    for(i=0;i<n;i++)
    delay_lus);
    }
void delay_1ms(void)                //1 ms 延时函数
    {unsigned int i;
    for(i=0;i<1140;i++)
    }
void delay_nms(unsigned int n)      //n ms 延时函数
    {unsigned int i=0;
    for(i- 0;i<n;i++)
    delay_1ms();
    }
void LCD_init(void)                 //液晶初始化
```

```
{
    LCD_write.command(0x28);
    delay_nus(40);
    LCD_write_command(0x28);
    delay_nus(40);
    LCD_write.command(0x28);
    delay_nus(40);
    LCD_en_write();
    delay_nus(40);
    LCD_write.command(0x28);      //4 位显示
    LCD_write_command(0x0c);      //整体显示,关光标,不闪烁
    LCD_write_command(0x01);      //清屏
    delay_nms(5);
}
void LCD_en_write(void)           //液晶使能
{ LCD1602_EN=1;
delay_nus(1);
LCD1602_EN=0;
}
void LCD_write_command(unsigned char command)    //写指令
{delay_nus(16);
LCD1602_RS=0;                     //RS=0 选择指令地址
LCD1602_RW=0;                     //RW=0 写操作
LCD_DATA&=0X0f;                   //清高四位
LCD_DATAI-command&0xf0;           //写高四位
LCD_en _write();
command-command<<4;               //低四位移到高四位
LCD__DATA&=0x0f;                  //清高四位
LCD_DATA |=command&0xf0;          //写低四位
LCD_en_write();
LCD1602_RW=1;                     //RW=1 结束写操作
}
void LCD_write_data( unsigned char Recdata)     //写数据
```

```
{  delay_nus(16);.
LCD1602_RS=1;                        //RS=1 选择数据地址
LCD1602_RW=0;                        //RW=0 写操作
LCD_DATA&=0X0f;                      //清高四位
LCD_DATAI-Recdata&0xf0;              //写高四位
LCD_en_write();
Recdata=Recdata<<4;                  //低四位移到高四位
LCD_DATA&=0X0f;                      //清高四位
LCD_DATA |-Recdata&0xf0;             //写低四位
LCD_en_write();
LCD1602_RW=1;                        //RW=1 结束写操作
}
void LCD_set_xy(unsigned char x, unsigned chary)    //写地址函数
{  unsigned char address;
if(y==0)address=0x80+x;
else address=0xc0 +x;
LCD_write commandaddress);
}
void LCD _write, char(unsigned char X,unsigned char Y,unsigned
char Recdata)                        //列 x=0~15,行 y=0,1
{LCD_set_xy(X, Y);                   //写地址
LCD_write_data( Recdata);
}
void LCD_PutStr(unsigned char *DData,int pos)
{  if(pos==-1)
{LCD_write_command(0x01);            //清屏
   delay_nms(2);
   pos=0;
}
while((*DData)! =" \0")
{LCD_write _char(pos% 16, pos/16, *DData);
   pos++;
   DData++;
```

```
    }
  }
  void LCD_PutNum(unsigned long num,nt XS,int pos)
  {
      unsigned long tmp=0;
      unsigned char numbits=0;
      ifpos==-1){
      LCD_write_command(0x01);
      delay_nms(2);
      pos=0;
  }
  if(num==0)
      { LCD write._char(pos%16, pos/16,'0');
      pos++;
  }
  else
  {if(num<0)
      {LCD_write char(pos%16, pos/16,'-');
      num*=(-1);
      pos++;
      }
      while(num)
  {
  tmp=tmp* 10+(num%10);
  num-num/10;
  numbits++;
  }
  while(tmp)
  {
  LCD_write.char(pos%16, pos/16,(mp%10)+48);
  tmp=tmp/10;
  pos++;
  numbits--;
```

```
}
while(numbits--)
{LCD_write _char(pos% 16, pos/16, '0');
pos++;
} }
}
/* 串口程序 chuankou.c * /
sbit TR=P3^2;
void InitCom(unsigned char BaudRate);       //串口初始化
void ComOutChar(unsigned char OutData);     //输出一个字符
void ComOutr(unsigned char * Str);          //输出字符串
unsigned char ComInChar();                  //接收一个字符
void ComlnStr( unsigned char * Str);        //接收定长字符串
//串口初始化，晶振为 11.0592 MHz,方式 1 波特率 300~57600
void InitCom(unsigned char BaudRate)
{
    unsigned char THTL;
    switch(BaudRate)
    {
    case 1:THTL=64;break;            //波特率 300
    case 2:THTL=160;break;600
    case 3:THTL=208;break;1200
    case 4:THTL=232;break;2400
    case 5:THTL=244;break;//4800
    case 6:THTL=250;break;//9600
    case 7:THTL=253;break;//19200
    case 8:THTL=255;break;//57600
    default:THTL=243;                //晶振为 12 MHz,波特率 4800
    }
    SCON=0x50;                       //串口方式 1,允许接收
    TMOD=0x20;                       //定时器 1 定时方式 2
    TCON=0x40;                       //设定时器 1 开始计数
    THI=THTL;
```

```
        TL1=THTL;
        PCON=0x80;                         //波特率加倍控制,SMOD 位
        RI=0;                              //清收发标志
        TI=0;
        TRI=1;                             //启动定时器
    }
    //向串口输出一个字符(非中断方式)
    void ComOutChar(unsigned char OutData)
        {
        SBUF=OutData;                      //输出字符
        while(! TI);                       //空语句判断字符是否发完
        TI=0;                              //清 TI
    }
    //向串口输出一个字符串( 非中断方式)
    void ComOutStr(unsigned char *Str)
        {
        //while( *Str ! =0x00)             //判断是否到了字符串的尾部
            unsigned int i=0;
            unsigned char sum=0xff;
            TR=0;                          //485 发
            for(i=0;i<4;++)
        {
        SBUF=*Str;                         //输出字符
        while(! TI);                       //空语句判断字符是否发完
        T1=0;//清 TI
        sum=sum^*Str;
        Str++;                             //字符串指针加 1
        }
        //ComOutChar(sum);
        //ComOutEnter();
    TR=1;
    }
    //从串口接收一个字符(非中断方式)
```

```
unsigned char ComlnChar()
    {
    unsigned char InData;
    while(! RI);                        //空语句判断字符是否收完
    InData=SBUF;                        //保存 COM 缓冲字符
    RI=0;                               //清 RI
    return(InData);                     //返回收到的字符
    }
//从串口接收一个定长字符串(非中断方式,只用于需有一个字符的 idata 字符串数组)
//如 unsigned char *Str;
//unsigned char i[]="abcd";
//InHandStr=&i;
void ComInStr(unsigned char *Str)
{
//while(*Str ! =0x00)                   //判断是否到了字符串的尾部
    unsigned int i=0;
    for(i=0;i<4;++)
    {
    while(! RI);                        //空语句判断字符是否收完
    *Str=SBUF;                          //保存字符
    RI=0;                               //清 RI
    Str++;                              //字符串指针加 1
    }
}
```

第四节　多点温湿度监测传输系统

一、实验要求

采用 STC89C52 单片机和 STH11 传感器设计一个数字温湿度测量系统，温度测量范围为-40~120 ℃，湿度测量范围为 0%~100%，采用液晶显示器，用发光二极管作为工作状态指示灯。

二、实验线路

数字温湿度测量系统硬件电路图如图 5-5 所示。由单片机、数字温湿度传感器 STH11、液晶显示器、发光二极管等组成。STH11 采用 rC 方式与单片机相连，用单片机的 P1.0 和 P1.1 模拟 rC 总线时序。

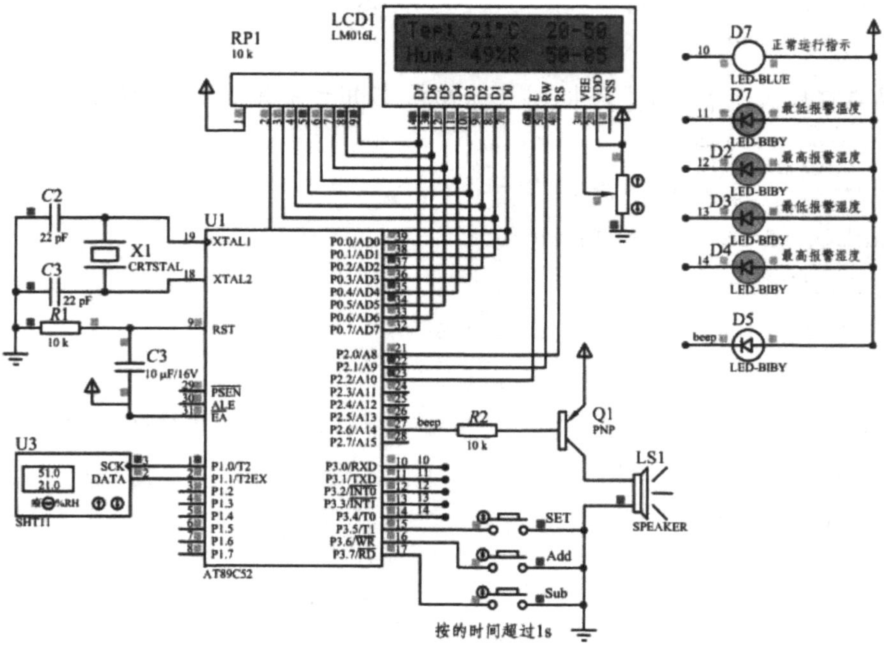

图 5-5　数字温湿度测量系统硬件电路图

三、实验程序

温湿度测量软件采用 C51 编写，在主函数中首先对液晶显示器和 STH11 进行初始化，然后启动 STH11 进行温湿度测量，计算湿度与温度，转换温度为 uchar 类型，方便液晶显示器将测量结果显示器出来。

STH11 数字温湿度测量程序：

```
/* * * * * * * * * * * * * * 端口定义 * * * * * * * * * * * * * *
P0.0-----SCK  (SHT11)
P1-----DATA  (SHT11)
P0-----DB0O~DB7  (LCD1602)
```

```
P02.0-----RS (LCD1602)
P2.1-----RW (LCD1602)
P2.2-----E (LCD1602)
*************************************
*****/
#include <reg52.h>
#include <intrins.h>
#include <stdio.h>
#include <string.h>
#include <absacc.h>
#include <math.h>
#define uchar unsigned char
#define uint unsigned int
//1602液晶端口定义*****
sbit LcdRs=P2^0;
sbit LcdRw=P2^1;
sbit LcdEn=P2^2;
sbit ACC0=ACC^0;
sbit ACC7=ACC^7;
sbit I0=P3^0;
sbit I1=P3^1;
sbit I2=P3^2;
sbit I3=P3^3;
sbit I4=P3^4;
sbit set=P3^5;
sbit add=P3^6;
sbit sub=P3^7;
sbit beep=P2^6;
char num;
uchar st[16];
uchar tmp_h,tmp_I,hum_h,hum_1;
//向LCD写入命令或数据**************************
*************
```

```
#define LCD_COMMAND  0              //Command
#define LCD_DATA  1                 //1 Data
#define LCD_CLEAR_SCREEN  0x01      //清屏
#define LCD_HOMING  0x02            //光标返回原点
//设置显示模式*****************************************************
#define LCD_SHOW          0x04    //显示开
#define LCD HIDE          0x00    //显示关
#define LCD_CURSOR        0x02    //显示光标
#define LCD_NO_CURSOR     0x00    //无光标
#define LCD_FLASH         0x01    //光标闪动
#define LCD_NO_FLASH      0x00    //光标不闪动
//设置输入模式*****************************************************
#define LCD_AC_UP         0x02
#define LCD_AC_DOWN       0x00    //default
#define LCD_MOVE          0x01    //画面可平移
#define LCD_NO_MOVE       0x00    //default
unsigned char LCD_Wait(void);
void LCD_Write(bit style, unsigned char input);
/*******1602液晶显示部分子程序***********/
void delay(uint z)
{  uint x,y;
    for(x=z;x>0;x--)
    for(y=110;y>0;y--);
}
void LCD_Write(bit style, unsigned char input)
{  LcdRs=style;
    P0=input;
    delay(5);
    LcdEn=1;
    delay(5);
    LcdEn=0;
```

```
}void LCD_SetDisplay(unsigned char DisplayMode)
{ LCD_Write(LCD__COMMAND, 0x08 |DisplayMode);}
void LCD_Setlnput(unsigned char InputMode)
{ LCD _Write(LCD_COMMAND, 0x04 |InputMode);}
//初始化 LCD * * * * * * * * * * * * * * * * * * * * * * * * * * * * * * * * * * * * * * * * * * * * *
void LCD_Initial()
{  LedEn=0;
    LCD_Write(LCD COMMAND,0x38);  //8 位数据端口,2 行显示,5×7 点阵
    LCD_Write(LCD_COMMAND,0x38);
    LCD_SetDisplay(LCD SHOWILCD_NO_CURSOR);     //开启显示,无光标
    LCD_Write(LCD_COMMAND,LCD CLEAR_SCREEN);  //清屏
    LCD_Setlnput(LCD.AC_UPLCD_NO_MOVE);  //AC 递增,画面不动
}
//液晶字符输入的位置 * * * * * * * * * * * * * * * * * *
void GotoXY(unsigned char x, unsigned char y)
{if(y==0)
        LCD_Write(LCD_COMMAND,0x801x);
    if(y-=1)
        LCD_Write(LCD.COMMAND,0x80(x-0x40);
}
//将字符输出到液晶显示
void Print(unsigned char * str)
{  while( * str! ='0')
    {
        LCD_Write(LCD_DATA, * str);
        str++;
    }
}
void zhuanhuan(float a)     //浮点数转换成字符串函数
{  memset(str,0,sizeof(st));
    sprintf(str,"% f", a);
}
```

```
/*
void welcome()
{  LCD_Initial();
    GotoXY(0,0);
    Print("  Welcome! ");
    GotoXY(0,1);
    Print("  Code of SHT1I ");
    delay(200);
}
*/
*/---------------------
模块名称:delay_n10us();
功能:延时函数,延时约 n 个 10 μs
较精确的延时函数,_nop_(),延时 1μs@ 12 MHz 晶振
---------------------*/
void delay_n10us(uint n)          //延时 n 个 10 μs@ 12MHz 晶振
{  uinti;
    for(i=n;i>0;i--)
    {_nop_();_nop_();_nop_();_nop_();_nop_();_nop_();}
}
//* * * * * * * * * * * * * * 第二部分 SHT11 设置 * * * * * * * * * * * *
* * * * * * * * * * * * *
sbitSCK=P1^0;                     //定义通信时钟端口
sbit DATA=PI^1;                   //定义通信数据端口
typedef union
{  unsigned int i;                //定义了两个共用体
    float f;
}
value;
enum {TEMP,HUMI};                 //TEMP=0,HUMI=1
#define noACK 0                   //用于判断是否结束通信
#define ACK 1                     //结束数据传输/adr command r/w
#define STATUS_REG_W 0x06         //000  0011  0
```

```
#define STATUS_REG_R 0x07        //000  0011  1
#define MEASURE_TEMP 0x03        //000  0001  1
#define MEASURE_HUMI 0x05        //000  0010  1
#define RESET      0x1e          //000  1111  0
/* * * * * * * * * * * * *定义函数* * * * * * * * * * * * /
void s_transstart(void);         //启动传输函数
void s_connectionreset(void);  //链接复位函数
char s_write__byte(unsigned char value);  //SHT11 写函数
char s_read._byte(unsigned char ack);  //SHT11 读函数
char s_measure(unsigned char *p_value, unsigned char *p_check-
sum, unsigned char mode);
                                 //测量温湿度函数
void calc.sht11(float *p_humidity ,float *p_temperature);
                                 //温湿度补偿
/*------------------------
模块名称:s_fransstart);
功能:启动传输函数
------------------------*/
void s_transstart(void)
//generates a transmission start
{  DATA=1;SCK=0;                 //初始化状态
    _nop_();
    SCK=1;
    _nop_();
    DATA=0;
    _nop_();     SCK=0;
    _nop_();_nop_();_nop_();
    SCK=1;
    _nop_();
    DATA=1;
    _nop_();
    SCK-0;
}
```

```
    }
/* ------------------------------
    模块名称:s_connectionreset();
功能:链接复位函数
------------------------------*/
void s_connectionreset(void)
                                //communication reset:DATA-line =
1 and at least 9 SCK cycles followed by transstart
    { unsigned char i;
    DATA=1;SCK=0;               //初使化状态
    for(i=0;i<9;i++)            //9 个 SCK 循环
    {SCK=1;SCK=0;}
    s_transstart();             //传输开始
    }
/* ------------------------------
模块名称:s_write_byte();
功能:SHT11 写函数
------------------------------*/
char s_write_byte(unsigned char value)
//writes a byte on the Sensibus and checks the acknowledge
{unsigned char i,error=0;
for(i=0x80;i>0;i/=2)            //shift bit for masking
{   if(i & value)DATA=1;         //masking value with i , write to
SENSI-BUS
    else DATA=0;
    SCK=1;                      //clk for SENSI-BUS
    _nop_();_nop_();_nop();     //pulswith approx.3 us
    SCK=0;
}
DATA-1;                         //release DATA-line
SCK=1;                          //clk #9 for ack
error-DATA;                     //check ack( DATA will be pulled
down by SHT11), DATA 在第 9 个上升沿将被 SHT11 自动下拉为低电平。
```

```
    _nop_()_nop._();nop_();
    SCK=0;
    DATA=I;                          //elease DATA-line
    return error;                    /error = 1 in case of no acknowl-
edge /返回:0 成功,1 失败
    }
    /*------------------------
    模块名称:s_read_byte();
    功能:SHT11 读函数
    ------------------------*/
    char s_read_byte(unsigned char ack)
    //reads a byte form the Sensibus and gives an acknowledge in case
of "ack=1"
    { unsigned char i,val=0;
    DATA=I;                          //release DATA-line
    for(i=0x80;i>0;/=2)              //shift bit for masking
    { SCK=1;                         //clk for SENSI-BUS
    if(DATA)val=(val |i);            //read bit
    _nop _();_nop_();_nop _();       //pulswith approx.3 us
    SCK=0;
    }
    if(ack==1)DATA=0;                //in case of "ack==1" pull down DA-
TA-Line
    else DATA=1;              //如果是校验(ack==0),读取完后结束通信
    _nop_();_nop_();nop_();          //pulswith approx.3 us
    SCK=1;                           //clk #9 for ack
    _nop_();_nop_();_nop_();         //pulswith approx.3 us
    SCK=0;
    _nop_();_nop_();_nop_();         //pulswith approx.3 us
    DATA=1;                          //release DATA-line
    return val;
    }
    /*------------------------
```

```
模块名称:s_measure0;
功能:测量温湿度函数
------------------------*/
char s_measure(unsigned char *p_value, unsigned Char *p._check-
sum, unsigned char mode)
   //makes a measurement(humidity/temperature)with checksum
{ unsigned error-0;
unsigned int i;
s_transstart();                 //传送开始
switch(mode){                   //send command to sensor
   case TEMP:rrortrs.write.byte(MEASURE TEMP);break;
   case HUMI:error+=s_write_byte(MEASURE HUMI);break;
   default:break;
}
   for(i=0;i<65535;i++)if(DATA==0)break;
   //wait until sensor has finished the measurement
   if(DATA)error+=1;     //or timeout(~2 sec.)is reached
   *(p_value)=s_read_byte(ACK);     //read the first byte(MSB)
   *(p_value+1)=s_read_byte(ACK);      //read the second byte
(LSB)
   *p_checksum=s__read_byte(noACK);     //read checksum
return error;
}
/*------------------------
模块名称:cale_sht11();
功能:温湿度补偿函数
------------------------*/
void calc_shtl l(float *p_humidity ,float *p_temperature)
                                //calculates temperature [C] and
humidity[%RH]
                                //input:humi[Ticks](12 bit)
                                //temp[Ticks](14 bit)
                                //output:humi[%RH]
```

```
                                        //temp[C]
{ const float C1=-8.84;                 //for 12 Bit
const float C2=+0.0405;                 //for12 Bit
const float C3-=0.000028;               //for 12 Bit
const float T1=+0.01;                   //for 14 Bit @  5V
const float T2=+0.00008;                //for 14 Bit @  5V
float th=*p_humidity;                   //th:Humidity[Ticks] 12 Bit
float t=*p_temperature;                 //t:Temperature[Ticks] 14 Bit
float rh_lin;                           //rh_lin:Humidity linear
float rh_true;                          //rth_true:Temperature compensa-
ted humidity
float t_C;                              //t_C:Temperature[C]
t _C=t*0.01-39.2;                       //calc.temperature from ticks to
[C]
th_lin=C3*rh*rh +C2*rh +Cl;  //calc.humidity from ticks to[%
RH]
rh_true=(t.C-25)*(T1+T2*rh)+rh.lin;
                                        //calc.temperature    compensated
humidity[%RH]
ifrh_true>100)rh._true=100;   //cut if the value is outside of
if(rh_true<0.1)rh.true=0.1;   //the physical possible range
*p_temperature=t_C;                     //returm temperature[C]
*p_humidity-rh_true;                    //return humidity[%RH]
}
void key(void)
{  if(! set){/*while(! set);*/oum++;if(num>4)num=0;}
switch(num)
{  case 0:10=0;11=12=13=14=I;break;          //正常显示
   case 1:11-0;10=12-13=14-1;                //调整温度最低值
       if(! add)/* while(add):/tmp_l++;}+
       if(! sub){/*while(! sub);*/tmp_1--;}
       break;
   case 2:12=0;11-10-13=14=1;                //调整温度最高值
```

```
        if(add){/*while(add);*/tmp_h++;}
        if(sub){/*while(sub);*/tmp.h--;
        break;
    case 3:13=0;11=12=10=14=1;            //调整湿度最低值
        if(! add){/* while(! add);*/hum_1++;}
        if(! sub){/*while(sub);*/hum_1--;}
        break;
    case 4:14=0;11=12=10=13-1;            //调整湿度最高值
        if(add){/*while(add);*/hum_h++;}
        if(! sub){/*while(! sub);*/hum_h--;}
        break;
    }
  }
  //* * * * * * * * * * * * * * * * * * * * * *主函数* * * * * * * * * * *
* * * * * * * * * *
  void main(void)
  {    value humi_val,temp.val;
        unsigned char error,checksum;
        char fng1,1g2;
        tmp_h=50;
        tmp_1=20;
        hum__h=85;
        hum_1-50;
        num=0;
        LcdRw=0;
  s_connectionreset();
  //welcome:;/显示欢迎画面
  //delay(2000);
     LCD_Initial);
     while(1)
     { error-0;
  error+=s_measure((unsigned char *)&humi_valLi,&checksum,HUM1);
                                         //measure humidity
```

```
errort-s_masrure(unsigned char * )&temp.vali,&checksum,TEMP);
                                //measure temperature
iferror! =0)
s_conectionreset();             //in case of an error:connection reset
else
{  humi_valf=(float)humi_vali;      //converts integer to float
temp_valf=(floattemp.vali;          //converts integer to float
calc_shtl1(&humi_val.f,&temp_val.);//计算湿度与温度
GotoXY(0,0);//
Print("Tep:");
GotoXY(0,1);
Print("Hum:");
if(humi_val.f<0)humi_val.f=0;
if(temp_val.f<0)temp_val.f=0;
if(humi_val.f>100)humi_val.f=99;
if(temp_val.f> 100)temp_val.f-99;
zhuanhuan(temp_val.f);          //转换温度为 uchar 类型,方便液晶显示
GotoXY(5,0);
str[2]=0xDF;                    //℃的符号
str[3]=-0x43;
str[4]=´´;tr[5]=’´;
str[6]=tmp_1/10+0x30;//2´;
str[7]=tmp_1% 10+0x30;;
str[8]=´-´;
str[9)]=tmp_h/10+0x30;;
str[10]=tmp_h % 0+0x30:;tr[11]=´\0´;
Print(tr);
zhuanhuan(humi_val.f);          //转换湿度为 uchar 类型,方便液晶显示
//if(humi_val.f>64)P3=0XF0;
GotoXY(5,1);
str[2]=% ´;//% 的符号
str[3]="R´;
str[4]=´´;
```

```
    str[5]=' ';
    str[6]-hum_1/10+0x30;
    str[7]-hum_1%10+0x30;
    str[8]=' ';
    str[9]=hum_h/10+0x30;
    str[10]=hum_h%10+0x30;
    str[11]='\0';                    //字符串结束标志
        Print(str);
    key();
    /*报警状况*/
    if((temp_val.f < tmp.h ) && (temp_val.f > tmp_1)) flg1 = 1; else
flg1=0;
    if(humi_val.f< hum_h)&&(humi_val.f>hum_1)flg2=1;else flg2=0;
    if((1g1==1)&&(flg2==1))beep=1;else{beep=0;}
    }
    //------wait approx.0.8s to avoid heating up SHTxx-----------
---------
    delay_n10us(80000);              //延时约 0.8 s
        }
    }
```

第六章
单片机课程设计

单片机课程设计是在学习完基本理论知识和相应的课堂实验后进行的综合性练习。单片机课程设计的目的在于加深学生对单片机原理的理解，使学生熟练掌握单片机应用系统的设计方法，以提高学生在单片机应用方面的实践技能，培养学生综合运用理论知识解决实际问题的能力。

第一节　设计任务书

课程设计任务书是教师在课程设计开始时下达给学生的，学生根据任务书的具体要求，在教师的指导下有计划地完成课程设计拟定的各项任务。单片机课程设计任务书可参考以下表格进行设计。

单片机课程设计任务书

姓名：_______学号：_________专业：_________班级：_______ 指导教师：_________

题目	基于单片机的数字温度计设计
课题任务	学生在教师指导下，综合运用所学知识，设计一个系统，完成温度的检测和显示
设计要求	1. 单片机选用自己熟悉的型号； 2. 温度传感器选用模拟量输出的型号； 3. 自选一款 A/D 转换器和显示器； 4. 设计时间为一周（或两周）
参考设计步骤	1. 接收课题，明确课题设计的任务； 2. 查找课题相关的资料（纸质或电子），并进行高效的阅读和整理； 3. 确定课题的设计方案，并绘制系统的原理框图； 4. 设计系统的硬件，绘制出各模块的电路原理图； 5. 绘制系统软件的流程图，并编写相关的代码； 6. 系统软硬件调试； 7. 整理设计资料，撰写课程设计报告

续表

成果形式	1. 课程设计报告一份（必做）； 2. 仿真文件一份（选做）； 3. 实物一份（选做）
参考文献	[1] 童诗白，华成英．模拟电子技术基础（第5版）[M]．北京：高等教育出版社，2015 [2] 何立民．单片机高级教程：应用与设计 [M]．北京：北京航空航天大学出版社，2007 [3] 周航慈．单片机应用程序设计技术（第3版）[M]．北京：北京航空航天大学出版社，2011

第二节　方案论证

温度是日常生活、工农业生产以及科学实验中一个重要的参数，对温度的测量与控制有着十分重要的意义。

根据测温元件是否与被测介质接触，温度的测量方法可以分为接触式与非接触式两大类。

接触式测温就是将温度敏感元件和被测物体直接接触，当两者达到热平衡时，温度敏感元件的温度即为被测物体温度。

非接触式测温就是应用物体的热辐射能量随温度的变化而变化的原理，选择合适的热辐射接收装置测量被测物体发出的热辐射能量，并且将其调理成可测量和显示的各种信号，实现温度的测量。

课程设计任务书下达的课题任务只是完成温度的测量和显示，没有对温度进行控制的要求，而且温度的检测要求选择输出为模拟量的温度传感器，因此，完整的温度测量和显示系统可以选择单片机作为主控制器。以单片机为核心的检测和显示系统应该由以下 4 个模块组成：主控制器、温度传感器及其调理电路、A/D 转换电路和显示电路。系统组成原理框图如图 6-1 所示。

图中的温度传感器用于检测环境温度，由于设计要求选择模拟量输出的温度传感器，所以传感器输出的信号是不能直接送单片机处理的。另外，传感器的输出信号一般都要经过调理电路，调理成合适的电压信号送入后面的 A/D 转换器。

A/D 转换器的主要任务是将调理电路输出的电压信号转换成数字量，以便能够让单片机正确读取温度值。

单片机是系统的主控制器，其主要作用是完成对温度检测和显示的控制，图中的时钟电路和复位电路是单片机系统正常运行的必要电路。

显示器用于显示温度的检测值，一般选用数码管或液晶显示模块。

另外，框图中的电源电路的主要任务是产生各种等级的直流电压，给系统中需要直流电压的模块供电。

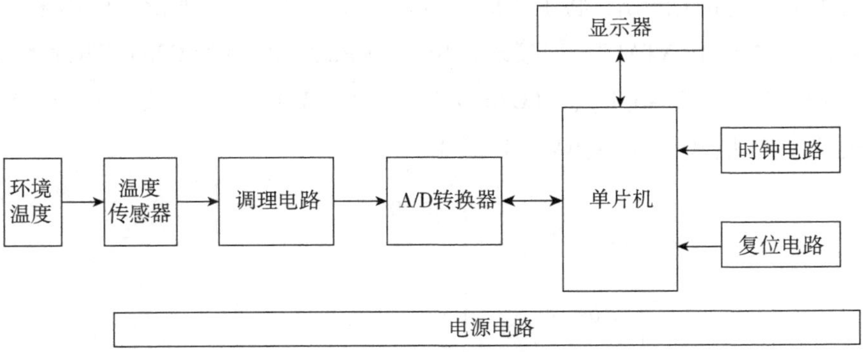

图 6-1 系统组成原理框图

第三节 系统硬件电路的设计

根据系统组成原理框图，将硬件电路设计分成以下几个部分：单片机最小硬件系统设计，保证单片机系统能够正常工作；AD590 调理电路设计，将传感器输出的电流信号调理成合适的电压信号，送入 A/D 转换器；TLC2543 与单片机接口电路设计，完成调理电路输出的电压信号的模数转换工作；LCD1602 与单片机接口电路设计，完成温度值的显示工作。

单片机最小硬件系统是指保证单片机能够正常工作的最小组成电路，它包含单片机系统必备的时钟电路和复位电路。根据课程设计的要求，选择较为熟悉的 51 系列单片机 AT89S52。

一、单片机最小硬件系统设计

（1）AT89S52 单片机简介

AT89S52 是一种低功耗、高性能的 8 位微控制器，具有 8 kB 在系统可编程 Flash 存储器。内部资源有 8 kB 的 Flash，256 B 的 RAM，32 位 I/O 口线，看门狗定时器，2 个数据指针，3 个 16 位定时器/计数器，1 个 6 向量 2 级中断结构，全双工串行口，片内晶振及时钟电路。

AT89S52 的外部引脚功能图如图 6-2 所示，共 40 个引脚。AT89S52 工作时需要接上 5 V 直流电压。图中电源旁边的电容 C1 为去耦电容，主要有两个作用：一方面，可以看成电路的蓄能电容；另一方面，旁路掉该器件的高频噪声。数字电路中典型的去耦电容值是 0.1 μF。

单片机中的 EA 引脚接 5 V 直流电源，目的是使用片内的 ROM。

为了方便后续电路的绘制，将单片机使用的引脚用网络标号的形式引出来。它们是连接时钟电路的 XTAL1 和 XTAL2；连接复位电路的 RST；连接 TLC2543 芯片的 TLC2543_DO、TLC2543_DI、TLC2543_CS、TLC2543_CLK、TLC2543_EOC；连接 LCD1602 的 LCD_D0 ~ LCD_D7、LCD_RS、LCD_RW、LCD_E。

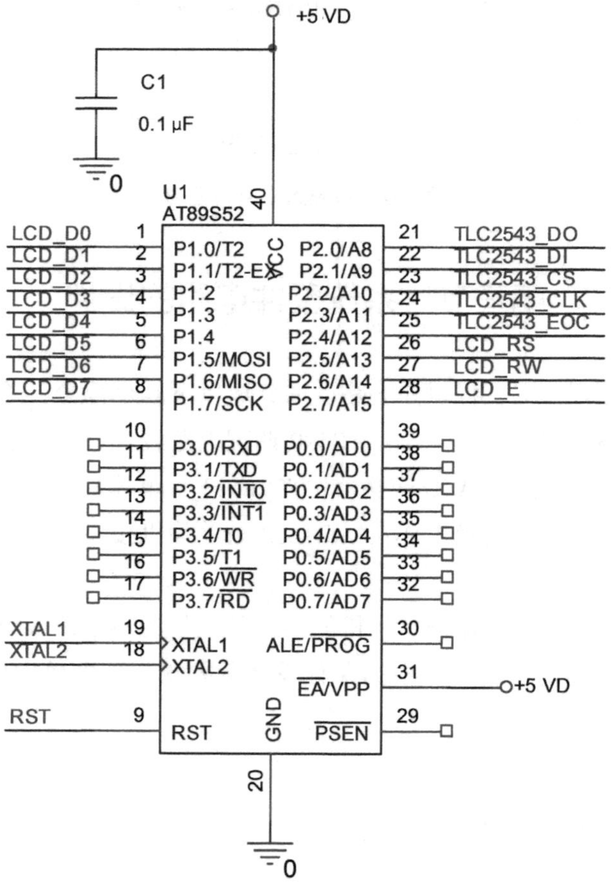

图 6-2　AT89S52 引脚功能图

（2）时钟电路设计

单片机系统时钟电路如图 6-3 所示。电路中的晶振频率一般选 12 MHz、6 MHz、11.0592 MHz，在系统进行通信时一般选用 11.0592 MHz。两个电容的参数值为 30 pF。

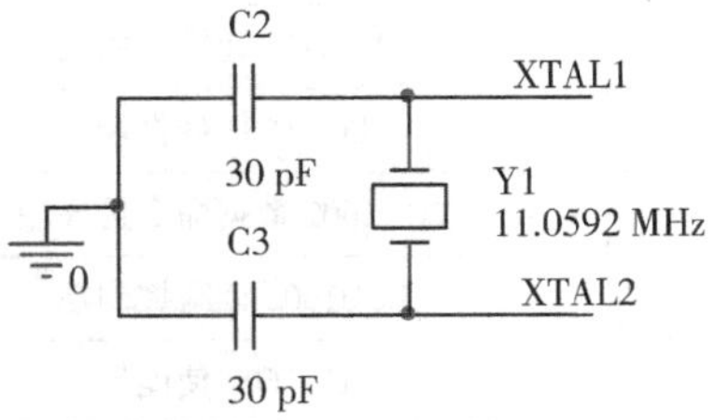

图 6-3　时钟电路

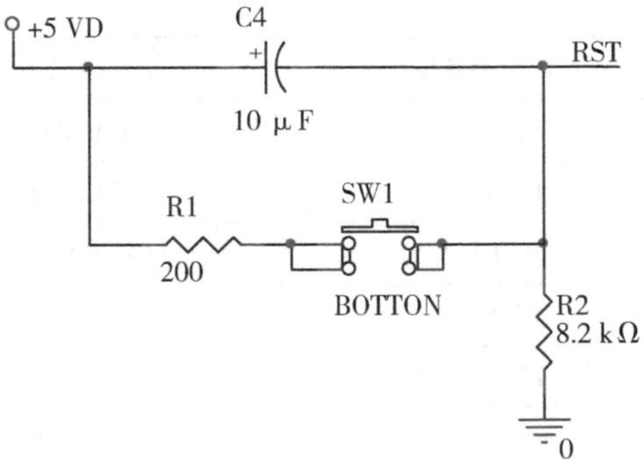

图 6-4　复位电路

（3）复位电路设计

AT89S52 单片机复位的要求是在复位引脚上要持续 2 个机器周期的高电平，设计的复位电路如图 6-4 所示。

复位电路分为上电自动复位和手动按键复位两种电路。

图中 C4 和 R2 构成上电自动复位，上电时由于电容两端的电压保持 0 V 不变，RST 引脚得到一个 5 V 高电平，随着电容充电过程的进行，电容两端电压上升，RST 引脚上的电压逐渐下降，直到电容完全隔断直流电压后减为 0 V，即 RST 引脚上得到一个低电平。RST 引脚上的高电平持续时间取决于 $\tau = R_2 \cdot C_4$ 的值，该值越大电容充电的速度越慢，即 RST 引脚上持续的高电平时间越长。单片机晶振的频率如果为 12 MHz，则只要保证 RST 引脚的高电平时间为 2 μs 以上就可稳定复位，所以 R2 和 C4 的值只要保证 RST 上的高电平持续时间大于 2 μs 即可，R2 和 C4 的典型值如图 6-4 所示。

图中按钮 SW1 和电阻 R1、R2 构成手工按钮复位。需要复位时，用户手动按下 SW1 按钮一次即可有效复位。此电路工作原理非常简单，通过电阻串联分压原理使 RST 引脚上得到一个高电平，而且手动按下按钮一次，高电平持续的时间一般都在 ms 级，因此可以保证有效复位。

（4）单片机引脚功能定义

根据系统的功能要求，需要使用单片机引脚控制 A/D 转换器 TLC2543 进行模数转换，控制 LCD1602 液晶显示模块显示温度值。表 6-1 列出了单片机各引脚功能定义。

表 6-1　单片机引脚分配表

单片机引脚名称	对应网络标号	功能定义
P2.0	TLC2543_DO	TLC2543 数据输出端
P2.1	TLC2543_DI	TLC2543 数据输入端
P2.2	TLC2543_CS	TLC2543 片选端

续表

单片机引脚名称	对应网络标号	功能定义
P2. 3	TLC2543_CLK	TLC2543 时钟引脚
P2. 4	TLC2543_EOC	TLC2543 转换结束端
P1. 0~P1. 7	LCD_D0 ~ LCD_D7	LCD1602 数据端
P2. 5	LCD_RS	LCD1602 数据命令选择端
P2. 6	LCD_RW	LCD1602 读写控制端
P2. 7	LCD_E	LCD1602 使能端

二、测温电路设计

在工业生产中，用于检测温度的传感器大多是热电偶和热电阻，除此之外，还经常使用集成的温度传感器。由于热电偶和热电阻传感器使用较为复杂，本次设计不考虑选用这两种传感器检测温度。

美国 DALLAS 半导体公司生产的 DS18B20，是一款智能单总线数字温度传感器，测温范围为-55~125 ℃，最高分辨率可达 0. 0625 ℃。DS18B20 传感器使用时外围电路较为简单，但是传感器输出为数字量，不符合设计要求，因此也不能选用。

美国 ANALOG DEVICES 公司生产的 AD590，是单片集成两端感温电流源，其输出电流与绝对温度成比例。测量范围为-50~150 ℃，精度为±0. 3~±0. 5 ℃，可以选用。

（1）传感器简介

AD590 是一款 2 端口集成电路温度传感器，可产生与绝对温度成比例的输出电流，其引脚图如图 6-5 所示。

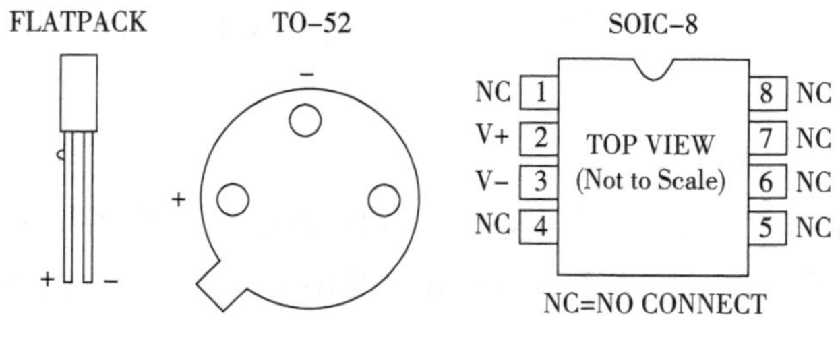

图 6-5 AD590 引脚图

在 4 V 至 30 V 的电源电压范围内，该器件可充当一个高阻抗、恒流调节器，调节系数为 1 μA/K。芯片中薄膜电阻的激光微调可用于校准器件的电流输出：298. 2 μA@298. 2 K（25 ℃）。

AD590 主要的性能参数如下：

①测温范围：-55～+150 ℃。

②灵敏度：1 μA/K。

③电源电压范围：4～30 V。

④在-55～+150 ℃范围内，非线性误差为±0.3～±0.5 ℃。

（2）调理电路设计

由于AD590输出电流信号，而后面的TLC2543转换器接收的输入电压范围为0～5 V（5 V电压供电），因此需要将AD590输出的电流信号转换为合适的电压信号送入TLC2543转换。

设计的AD590调理电路如图6-6所示。

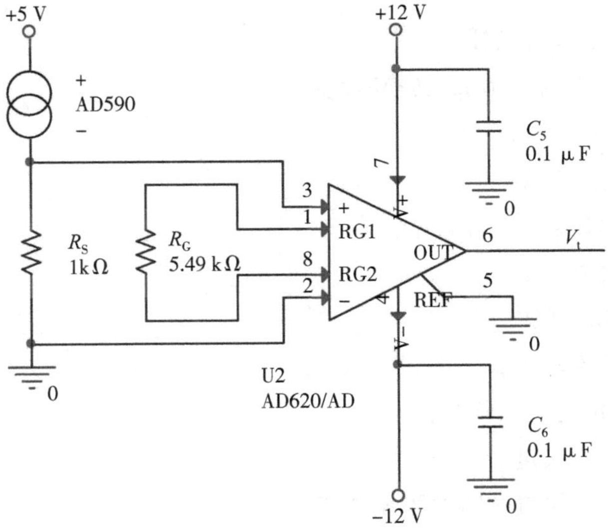

图6-6　AD590调理电路

AD590传感器的灵敏度为1 μA/K，即温度每变化1 K（绝对温度）输出电流变化1 μA，而且当温度为25 ℃（298.2 K）时输出为298.2 μA。因此，可以导出输出电流和温度的关系式：

$$I = (273.15 + T)\ \mu A\ (T\ 为摄氏温度)$$

采样电阻 R_S 上的电压为：

$$U = (273.15 + T)\ \mu A \times 1\ k\Omega = (0.27315 + T/1000)\ V$$

假设测量的温度范围为0～60 ℃，则采样电压范围为0.27315～0.333 V。这个电压不适合直接送入A/D转换器中，因此需要后续调理电路调整成合适的电压。

AD620芯片是一款低成本、高精度仪表放大器，仅需要一个外部电阻来设置增益，增益范围为1～10000。增益 G 与增益调节电阻 R_G 的关系为：

$$R_G = \frac{49.4\ \text{k}\Omega}{G - 1}$$

根据 TLC2543 输入电压范围，将 AD620 的增益设置为 10 倍即可达到 2.7315 ~ 3.3315 V。因此，增益电阻 R_G = 5.49 kΩ 。

调理电路最终输出电压 V_t 的范围为 2.732~3.332 V（0~60 ℃）。

（3）TLC2543 与单片机接口电路设计

TLC2543 是 TI 公司的 12 位串行模数转换器，使用开关电容逐次逼近技术完成 A/D 转换过程。由于其是串行输入结构，能够节省 51 系列单片机 I/O 资源，且其价格适中，分辨率较高，因此在仪器仪表中有较为广泛的应用。

其性能特点有：

①12 位分辨率 A/D 转换器；

②在工作温度范围内，10 μs 转换时间；

③11 个模拟输入通道；

④3 路内置自测试方式；

⑤采样率为 66 kb/s；

⑥线性误差±1 LSB_{max}；

⑦有转换结束输出 EOC；

⑧具有单、双极性输出；

⑨可编程的 MSB 或 LSB 前导；

⑩可编程输出数据长度。

TLC2543 与单片机接口电路如图 6-7 所示。

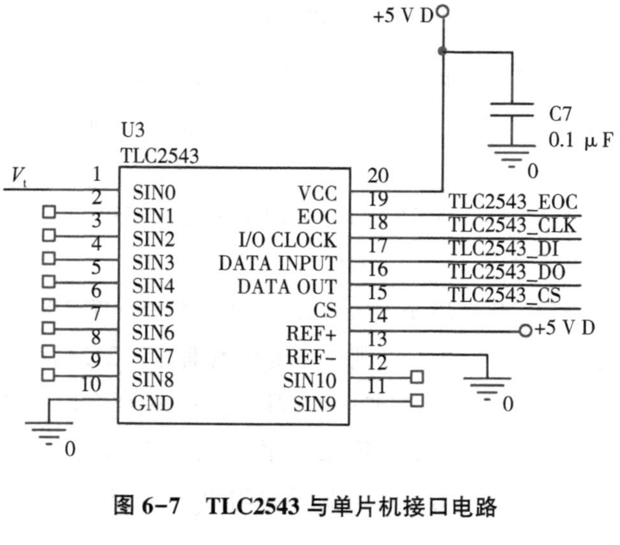

图 6-7　TLC2543 与单片机接口电路

将 AD590 调理电路输出的电压 V_t 连接到 TLC2543 的通道 0 上，通过 P2.0~P2.4 引脚将采集的数据传送到单片机中。

（4）LCD1602 与单片机接口电路设计

LCD1602 是一种点阵字符型液晶显示模块，可以显示两行共 32 个字符，字符的点阵为 5×8 点，是一种很常用的小型液晶显示模块，在单片机系统、嵌入式系统等人机界面中得到了广泛的应用。LCD1602 显示模块共有 16 个引脚，其功能如表 6-2 所示。

表 6-2　LCD1602 显示模块引脚说明

编号	符号	引脚说明	编号	符号	引脚说明
1	VSS	电源地	9	D2	data I/O
2	VDD	电源正	10	D3	data I/O
3	VL	液晶显示偏压信号	11	D4	data I/O
4	RS	数据/命令选择端（H/L）	12	D5	data I/O
5	R/W	读/写选择端（H/L）	13	D6	data I/O
6	E	使能信号	14	D7	data I/O
7	D0	data I/O	15	BLA	背光源正
8	D1	data I/O	16	BLK	背光源负

引脚可以分为三个部分：一是电源引脚，如 1、2、3、15、16 引脚；二是并行数据引脚，如 7~14 引脚；三是控制引脚，如 4、5、6 引脚。

LCD1602 与单片机接口电路如图 6-8 所示。用 P2.5 控制 LCD1602 的 RS 端，用 P2.6 控制 LCD1602 的 R/W 端，用 P2.7 控制 LCD1602 的 E 端，用 P1 口传输 LCD1602 的数据。

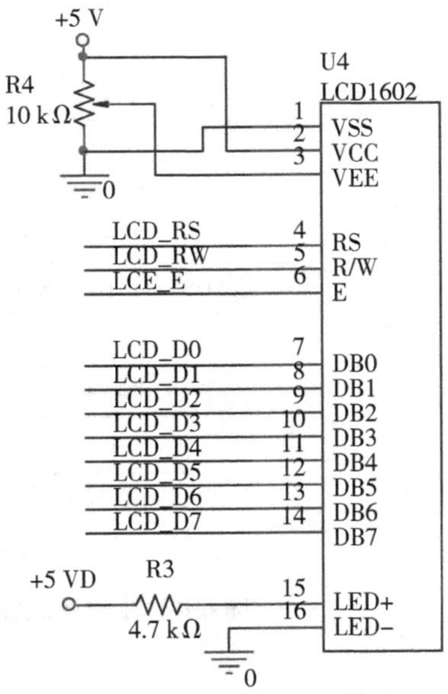

图 6-8　LCD1602 与单片机接口电路

第四节　系统软件程序的设计

系统程序主要包括主程序、TLC2543 采集程序、数字滤波程序、工程量转换程序、LCD1602 显示程序等。

一、主程序

主程序主要任务是负责温度的采集、滤波、工程量转换、显示任务的调度，其流程图如图 6-9 所示。

上电后，系统进行初始化工作，接着调用带有数字滤波算法的采集程序，完成模拟量转换成数字量的任务，再调用工程量转换程序，将 A/D 转换得到的数字量转换成工程量，最后调用显示程序将工程量显示在 LCD1602 显示器上。

二、TLC2543 采集程序

TLC2543 芯片是 12 位串行 A/D 转换器，根据数据手册，编程时要注意输出引脚输出的数字量是上一次转换的结果，其流程图如图 6-10 所示。

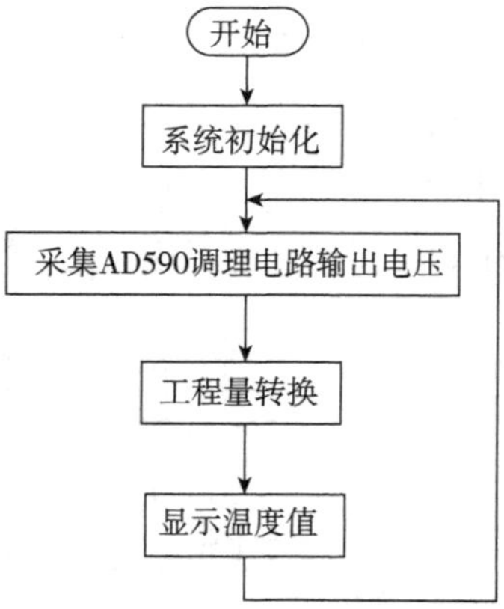

图 6-9　主程序流程图

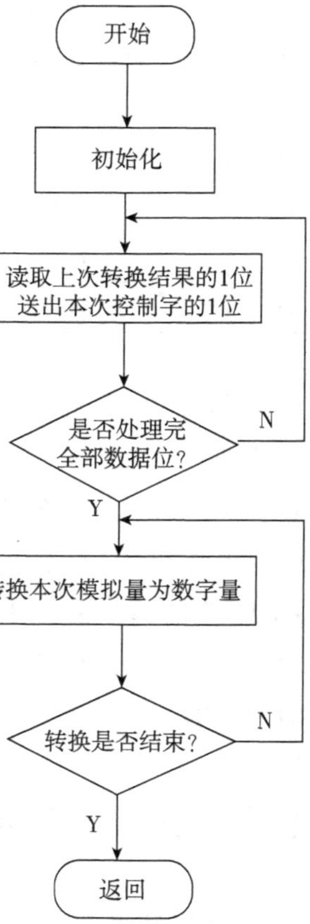

图 6-10　TLC2543 采集程序流程图

子程序执行后，先进行初始化工作，接着读取上一次转换数字量中的 1 位数字，再送出本次控制字中的 1 位。由于 TLC2543 是 12 位 A/D 转换器，因此要完成 12 次循环才能完成数据的读取和发送工作。根据本次发送的控制字，完成本次模拟量的采集和转换任务，在转换期间一直等待，直到转换结束返回。

由于在 A/D 转换过程中可能会有干扰作用于模拟信号，导致转换结果偏离真实值。如果仅采样一次，无法确定该结果是否可信，因此必须采样多次，得到多个转换数据，再通过某种算法处理后，得到一个可信度较高的结果，这就是数字滤波。

数字滤波的算法很多，本项目中采用的是去极值算术平均值滤波，其算法如图 6-11 所示。去极值算术平均值滤波算法原理是：连续采样 N 次，将其累加求和，并找出其中的最大值和最小值，然后将它们从累加和当中减去，求出剩下的 $N-2$ 个数据的平均值。

三、工程量转换程序

A/D 转换得到的数字量先要转换成工程量才能显示在显示器上，用户看起来才直观明了，其转换的流程图如图 6-12 所示。

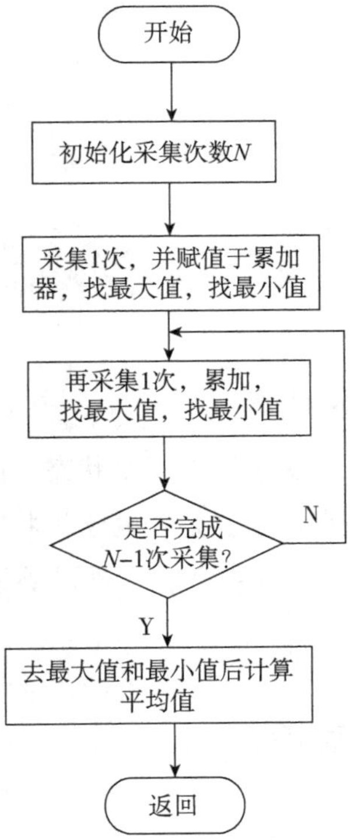

图 6-11　去极值算术平均值滤波程序流程图

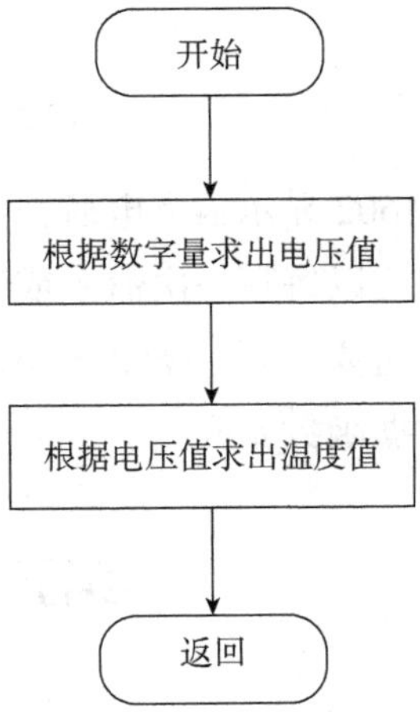

图 6-12　工程量转换程序流程图

首先将转换得到的数字量根据对应关系求出转换前的电压值，再根据传感器调理电路输出电压与温度的关系，求出原始的温度值，用于显示。

四、LCD1602 显示程序

工程量计算出来以后，就可以直接送显示程序显示了，其流程图如图 6-13 所示。

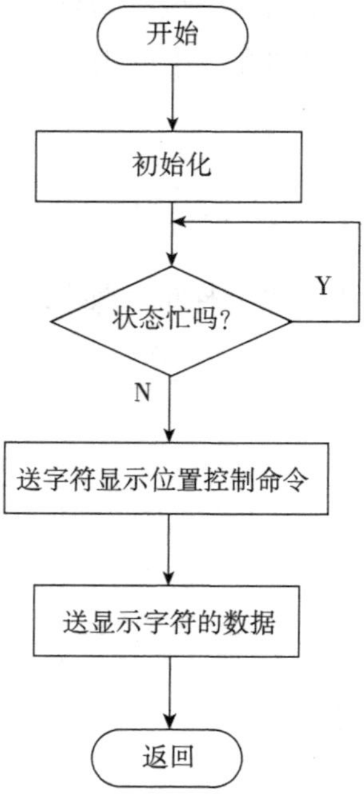

图 6-13　LCD1602 显示流程图

LCD1602 显示器上电后，先要初始化。显示器如果处于忙状态，则不会响应外部任何请求，所以每写一次命令或数据前都需要检查显示器是否处于忙状态。当显示器处于闲时，先送要显示字符的显示位置，通过写命令函数完成。再送要显示的字符数据，通过写数据函数完成。

第五节　系统仿真调试

由于 Proteus 中没有 AD590 仿真元件，因此无法仿真整个电路。将整个电路分成两个部分，AD590 调理电路用 Pspice 软件进行仿真分析，后半部分仍然用 Proteus 软件仿真分析。

一、仿真用电路

由于 AD590 在 Pspice 中也没有仿真元件，仿真时使用电流源代替 AD590。AD590 调理电路仿真用电路如图 6-14 所示。

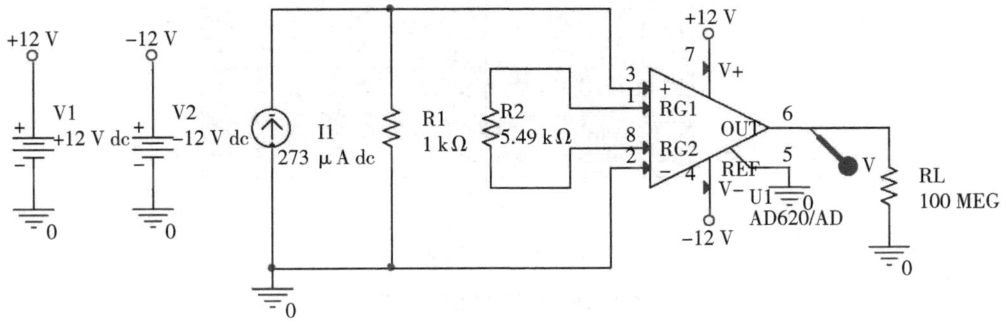

图 6-14　AD590 调理电路仿真用电路

二、仿真类型设置

对电路进行瞬态分析，同时加上参数扫描，如图 6-15 所示。扫描的变量是电流源 I1，扫描的范围从 0 ℃对应的 273. 15 μA 到 60 ℃对应的 328. 15 μA，步长为 1 μA，这样就可以模拟传感器温度每升高 1 K 输出电流增加 1 μA。

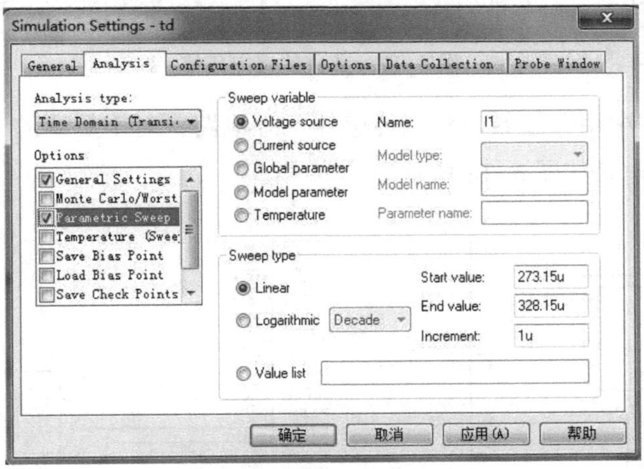

图 6-15　仿真类型设置

三、仿真结果分析

用电压探针观测 AD620 输出端的电压波形，如图 6-16 所示。

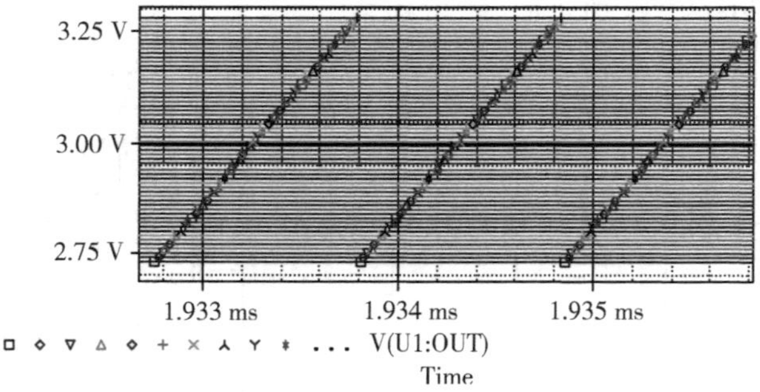

图 6-16　仿真输出电压波形

打开光标，可以详细查看输出电压值，部分电压值如图 6-17 所示。从图中可以看出仿真结果和前面理论计算基本吻合。

Trace	Cursor1	Cursor2
X Value	1.9338m	1.9330m
V(U1:OUT)	2.7313	2.7313
V(U1:OUT)	2.7414	2.7414
V(U1:OUT)	2.7513	2.7513
V(U1:OUT)	2.7614	2.7614
V(U1:OUT)	2.7713	2.7713
V(U1:OUT)	2.7814	2.7814
V(U1:OUT)	2.7914	2.7914
V(U1:OUT)	2.8013	2.8013

V(U1:OUT)	3.1913	3.1913
V(U1:OUT)	3.2013	3.2013
V(U1:OUT)	3.2112	3.2112
V(U1:OUT)	3.2212	3.2212
V(U1:OUT)	3.2313	3.2313
V(U1:OUT)	3.2412	3.2412
V(U1:OUT)	3.2513	3.2513
V(U1:OUT)	3.2629	3.2629
V(U1:OUT)	3.2708	3.2708
V(U1:OUT)	3.2822	3.2822

图 6-17　部分输出电压值

在 Proteus 软件中用电位器来模拟传感器调理电路，对于后续的 A/D 转换电路来讲是等效的，仿真用电路如图 6-18 所示。

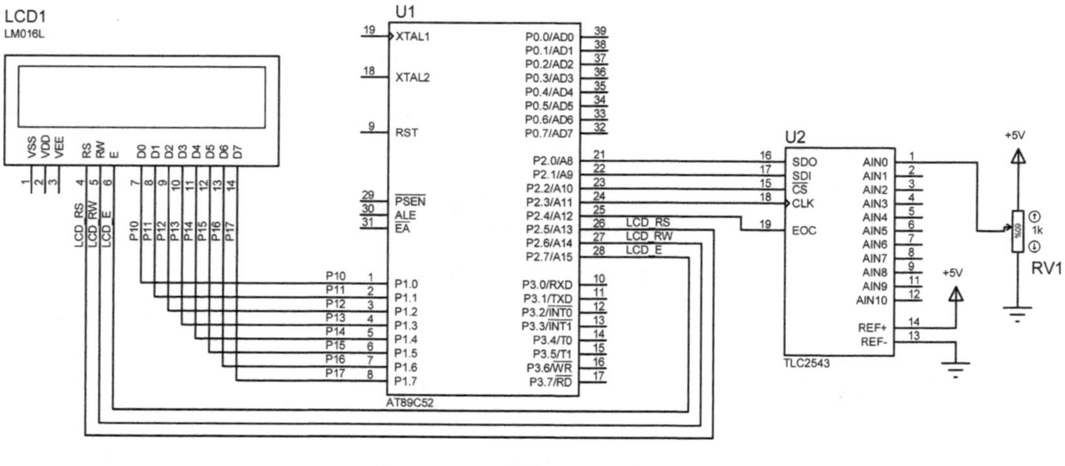

图 6-18　温度检测和显示电路

系统运行后，只要保证输入电压在 2.732~3.332 V 之间变化，则 LCD1602 显示器显示的温度范围就在 0~60 ℃之间变化。图 6-19 显示的就是电位器调节到某个点时的温度显示画面。

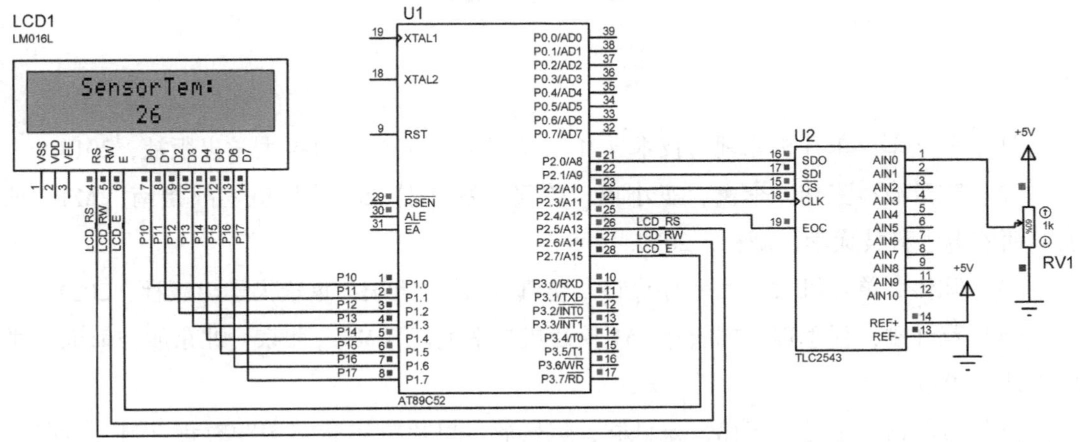

图 6-19　检测温度为 26 ℃时的仿真画面

参考文献

［1］曹立军．单片机原理与技术［M］．西安：西安电子科技大学出版社，2018.

［2］陈景波，王伟，李鑫，王小英，陈飞，罗韩君．51 单片机实战指南［M］．西安：西安电子科技大学出版社，2019.

［3］陈伟．单片机 C 语言程序设计及仿真［M］．重庆：重庆大学出版社，2021.

［4］范红刚，任思璟，刘宏洋．51 单片机自学笔记［M］．北京：北京航空航天大学出版社，2019.

［5］贡雪梅，王昆，张伟，龙卓群，陈长征．单片机实验与实践教程［M］．西安：西北工业大学出版社，2014.

［6］郭宏．单片机原理与应用——基于 MSP430 系列单片机［M］．武汉：华中科学技术大学出版社，2020.

［7］韩彩霞，张胜男，邹静，刘新竹，孔祥斌．单片机原理及应用［M］．武汉：华中科技大学出版社，2020.

［8］霍孟友．单片机原理与应用［M］．北京：机械工业出版社，2019.

［9］老盛林．单片机应用技术［M］．北京：北京理工大学出版社，2018.

［10］李淑萍，王燕，朱宇，张筱云．单片机控制技术［M］．苏州：苏州大学出版社，2018.

［11］李友全．51 单片机轻松入门［M］．北京：北京航空航天大学出版社，2020.

［12］刘海成，张俊谟．单片机中级教程［M］．北京：北京航空航天大学出版社，2019.

［13］刘海宽．单片机实验与实训教程［M］．南京：东南大学出版社，2009.

［14］刘小平，冉涌，钟其明．单片机应用技术［M］．重庆：重庆大学出版社，2018.

［15］马继伟，伦翠芬，杨英．单片机原理及应用［M］．秦皇岛：燕山大学出版社，2020.

［16］孟洪兵，白铁成．单片机程序架构［M］．北京：北京邮电大学出版社，2019.

［17］倪云峰．单片机原理与应用［M］．西安：西安电子科技大学出版社，2020.

［18］倪志莲．单片机应用技术［M］．北京：北京理工大学出版社，2019.

[19] 潘建斌. 单片机原理与应用 [M]. 北京：机械工业出版社，2020.

[20] 申忠如，张倩，申淼. 单片机实验及实训教程 [M]. 西安：西安交通大学出版社，2015.

[21] 王兵，郝小江，黄昆，廖其龙，曹玉东. 单片机原理及应用实验教程 [M]. 成都：西南交通大学出版社，2016.

[22] 向敏，朱智勤，唐晓铭，郭鹏，屈琴芹. 单片机原理与工程应用 [M]. 北京：电子工业出版社，2021.

[23] 徐涢基，魏全盛，陈芳，王莉，吴军良，胡恢军，刘国强. 单片机项目实训 [M]. 北京：北京希望电子出版社，2019.

[24] 颜颐欣，孟绍良. 单片机原理及应用 [M]. 北京：中国纺织出版社，2019.

[25] 杨青胜. 单片机原理及应用 [M]. 北京：北京工业大学出版社，2018.

[26] 詹跃明. 单片机应用技术 [M]. 重庆：重庆大学出版社，2018.

[27] 张立广，陈忠孝. 单片机基础及应用 [M]. 西安：西北大学出版社，2018.

[28] 张芝雨，毋丽丽，张松枝. 单片机应用技术 [M]. 哈尔滨：哈尔滨工程大学出版社，2018.

[29] 赵景波. 单片机原理及应用 [M]. 西安：西安电子科技大学出版社，2020.

[30] 赵全利. 单片机原理及应用教程 [M]. 北京：机械工业出版社，2020.

[31] 周越，郑棣，范爱华，洪晓静，周家婕. 单片机技术实验实训教程 [M]. 北京：中国水利水电出版社，2014.

[32] 曾少林. 单片机在电气自动化控制中的应用 [J]. 集成电路应用，2022，39 (01)：274-275.

[33] 姬冠妮. 单片机开发应用技巧探讨 [J]. 信息记录材料，2022，23 (02)：209-211.

[34] 山婷婷，王化建. 单片机在电子技术中的应用研究 [J]. 科技资讯，2021，19 (35)：4-6.

[35] 孙岚岚，姚世豪，王瑶，高利杰，范忠良. 基于 STC15 系列的多功能单片机开发板 [J]. 甘肃科技纵横，2021，50 (12)：1-3.

[36] 魏建崇，曹彦，张禹，余运龙. 单片机课程线上教学模式探索 [J]. 科技风，2022 (01)：81-84.